MALANGA CHASING VALLEJO

Selected Poems:

CÉSAR VALLEJO

with New Translations and Notes by

GERARD MALANGA

A BILINGUAL EDITION

THREE ROOMS PRESS

NEW YORK CITY

A note of thanks to everyone who helped me with preparing this book project. To Carol Streib who was the first to assist me with these translations back in 1970. To Professor Pachas Almeyda for his research and advice. To Juan Larrea and Madame Georgette de Vallejo for photos. To David Cudaback for editorial guidance on the Introduction. To Claudio Taverna and Patricia Daniela Alverte for their patient generosity in looking after every aspect of these translations. I thank them all.
—GM

Malanga Chasing Vallejo:
Selected Poems of César Vallejo
with New Translations and Notes
by Gerard Malanga

ISBN: 978-0-9895125-7-2
Library of Congress Control Number: 2014938002

LETTERS FROM GEORGETTE VALLEJO, INTRODUCTION,
AND CLOSING POEM BY GERARD MALANGA:
Translated by Patricia Daniela Alverte

COVER AND BOOK DESIGN:
Kat Georges Design International
www.katgeorges.com

ALL PHOTOS:
Archives Malanga

PUBLISHED BY:
Three Rooms Press, New York, NY
www.threeroomspress.com

DISTRIBUTED BY:
PGW/Perseus
www.pgw.com

Contents

FROM TRILCE, 1922

FROM POEMAS EN PROSA, 1923/1924–1929

FROM POEMAS HUMANOS: THE UNDATED POEMS 1923(?)–1937

FROM POEMAS HUMANOS:

THE DATED POEMS, 4 SEPTEMBER–8 DECEMBER, 1937

Introduction

César Vallejo, with his wife Georgette

Photo: Juan Larrea Collection/Archives Malanga

César Vallejo, the Man and the Poet

How did I come to translate the poetry of César Vallejo in 1969? First, having only a peripheral knowledge of Spanish, I never professed to be "translating" his verse in the literal sense, but to be transubstantiating them from one language to another. Initially, *Cassell's Spanish Dictionary*, the 1959 edition, was my constant companion.

I first became acquainted with Vallejo's poetry through the pioneer translations of his work by Thomas Merton, Donald Devenish Walsh, Muna Lee de Muñoz Marín, H. R. Hays, James Wright, and Robert Bly. I was not out to improve what they had accomplished. I loved what they'd done.

Having read about his life—consumed by the burden of poverty and malnutrition—I felt he was a kindred spirit; and through his verse, I came to understand the bleakness, the loneliness, the deprivation of what he had expressed in his daily living. Life was not kind to him.

I experienced what he experienced. It's no fun being poor in Paris, especially during his sojourn there in those late 1930s, I can imagine. Sixty years later I, too, have walked those same Paris streets of gloom and rain and bitter cold. I, too, peered hungrily through those curtained windows at the privileged in some warm and cozy bistro.

I, too, walked away with a growling stomach. I, too, had unfulfilled desires glancing in shop windows, even at something as simple as a folded linen handkerchief. I, too, wore through the soles of my only pair of shoes until my feet ached from the dampness. They don't give you grants or shower you with prizes for being poor. Poverty doesn't support vision, and counts for nothing in the end.

Vallejo's experiences became my experiences—not by choice, mind you, but by the mere fact of our spiritual brotherhood through poetry. It's as if I fully understood the spirituality of what he was expressing on a universal plane. He was talking to me directly. His soul touched mine through his verse. In this moment, we became spiritual brothers.

But I had no one with whom I could share those experiences discovered through his verse. Dare I reach out to Vallejo's widow, Madame Georgette de Vallejo?

One early translator had demonized her. I was forewarned that she was difficult to deal with. But this warning didn't discourage me in the slightest. I wanted to touch the one person still alive who was closest to the man whose works touched me. One problem: she was living in Lima, Peru, nearly four thousand miles away.

So I took a chance, a long shot, to be sure. I sent her a couple dozen of my translations. Remarkably, within a month, she wrote back with glowing remarks and helpful hints and even concrete examples of what to do and what not to do, so that I could make my versions better. She bestowed upon me the gift of her generosity and the knowledge she had gained being César Vallejo's lifetime companion. She shared her knowledge with me because she clearly believed in my work.

It was never my intention to make a career out of translating César Vallejo. There were plenty others in the horse race; and we know what Béla Bartók had to say about horse races ("Competition is for horses, not for artists"). Any other choice not to translate would have betrayed the spiritual connection I felt for the man and his work.

I did what I did because of the spiritual connection, and nothing more. No great expectations. No accolades sought. No subterfuge. No hidden agendas. I felt bonded to the man through time and space. This is what counted most for me, in the end.

It's now been nearly forty-five years since I embarked on this long voyage through uncharted waters with many an electrical storm coming my way. For most of that time, I would return to my working drafts and make revisions and read them aloud to myself. My efforts are a testament to the spiritual kinship I've felt for César Vallejo all along. I was steadfast. I was focused. I was dedicated. He never left my side. He has been my guiding spirit, my guiding light, not only through his poetry but through mine as well. *Dear friend.*

Gerard Malanga
5:VI:13

César Vallejo, el hombre y el poeta

translated by Patricia Daniela Alverte

CÓMO ES QUE LLEGUÉ A TRADUCIR la poesía de César Vallejo en 1969? Primero, teniendo apenas un conocimiento periférico del español, nunca he pretendido "traducir" sus versos en sentido literal, sino transustanciar los mismos de un lenguaje a otro. En ese momento, la edición de 1959 del *Cassell's Spanish Dictionary*, fue mi constante compañía.

Me familiaricé por primera vez con la poesía de Vallejo a través de las traducciones pioneras de su trabajo realizadas por Thomas Merton, Donald Devenish Walsh, Muna Lee de Muñoz Marín, H. R. Hays, James Wright, y Robert Bly. Yo no pretendía mejorar el trabajo logrado por ellos. Me encanta lo que han hecho.

Habiendo leído sobre su vida—consumida por el agobio de la pobreza y de la malnutrición—sentí que él era un espíritu afín; y a través de su verso, comprendí la desolación, la soledad, la privación de lo que ha expresado en su vida cotidiana. Ésta no era amable con él.

Pasé por lo mismo que el pasó. No es gracioso ser pobre en París, puedo imaginar, especialmente durante su estancia allí a finales de los años 30. Sesenta años después yo, también, he caminado esas mismas calles de penumbra, lluvia y frío de París. Yo, también, he mirado con avidez a través de esas ventanas con cortinas el privilegio de algún cálido y costoso pequeño restaurante. Yo, también, me he alejado con un estómago quejoso. Yo, también, he tenido deseos insatisfechos luego de echar un vistazo a las vidrieras de las tiendas, incluso por algo tan sencillo como un pañuelo de lino plegado. Yo, también, agujereé la suela de mi único par de zapatos hasta que mi pie dolía a causa de la humedad. No te dan subvenciones ni te colman de premios por ser pobre. La pobreza no apoya a la visión, y no cuenta para nada al final.

Las vivencias de Vallejo se convirtieron en mis vivencias—no por elección, como se pueden imaginar, sino por el simple hecho de nuestra hermandad a través de la poesía. Como si hubiera comprendido enteramente la espiritualidad de lo que él estaba expresando en un plano universal. Me hablaba a mí directamente. Su alma tocó la mía a través de sus versos. En ese momento, nos volvimos hermanos espirituales.

Pero no tenía a nadie con quien compartir esas experiencias descubiertas a través de sus versos. Me atrevo a contactar a la viuda de Vallejo, Madame Georgette de Vallejo?

Uno de los primeros traductores la había demonizado. Yo estaba advertido de que ella era una persona difícil de tratar. Pero esta advertencia no me desalentó en lo más mínimo. Quería contactar a la única persona aún viva más cercana al hombre cuyas palabras me habían tocado. Pequeño problema: ella estaba viviendo en Lima, Perú, a casi 4000 millas de distancia.

Así que me arriesgué, un tiro difícil, de seguro: le mandé un par de docenas de mis traducciones. Extraordinariamente, en un mes, ella me escribió con brillantes observaciones y consejos útiles e incluso con ejemplos concretos de lo que tenía que hacer y de lo que no tenía que hacer, así de esa manera yo podría mejorar mis versiones. Ella depositó en mí el regalo de su generosidad y el conocimiento que había adquirido siendo la compañera de vida de César Vallejo. Ella compartió el conocimiento conmigo porque claramente confiaba en mi trabajo.

Nunca fue mi intención hacer carrera traduciendo a César Vallejo. Había muchos otros en la carrera de caballos; y todos sabemos lo que dijo Bela Bartok sobre las carreras de caballos ("La competición es para los caballos, no para los artistas"). Cualquier otra opción que no haya sido simplemente traducir, hubiera traicionado la conexión espiritual que sentía por el hombre y su trabajo.

Hice lo que hice por la conexión espiritual, y por nada más. Sin grandes expectativas. Sin búsqueda de elogios. Sin subterfugios. Sin agendas ocultas. Me sentí unido al hombre a través del tiempo y del espacio. Al final, eso es lo que más cuenta para mí.

Ahora ya han pasado casi cuarenta y cinco años desde que me embarqué en este largo viaje a través de aguas inexploradas con algunas tormentas eléctricas en mi camino. La mayor parte de ese tiempo, he vuelto a mis borradores y he hecho correcciones y las he leído para mí mismo. Mis esfuerzos son el testamento a la afinidad espiritual que he sentido por César Vallejo desde el principio. Fui constante. Fui centrado. Fui dedicado. Él nunca se fue de mi lado. Él ha sido mi rector espiritual, mi guía de luz, no solo a través de su poesía sino a través de la mía también. *Querido amigo.*

Gerard Malanga
5:VI:13

MALANGA
CHASING
VALLEJO

for

Georgette de Vallejo

1908–1984

César Vallejo in Lima, 1920

Photo: Juan Larrea Collection/Archives Malanga

from

Los Heraldos Negros

1919

Los heraldos negros

Hay golpes en la vida, tan fuertes Yo no sé!
Golpes como del odio de Dios; como si ante ellos
la resaca de todo lo sufrido
se empozara en el alma . . . Yo no sé!

Son pocos, pero son . . . Abren zanjas oscuras
en el rostro más fiero y en el lomo más fuerte.
Serán tal vez los potros de bárbaros atilas;
los heraldos negros que nos manda la Muerte.

Son las caídas hondas de los Cristos del alma,
de alguna fe adorable que el Destino blasfema.
Esos golpes sangrientos son las crepitaciones
de algún pan que en la puerta del horno se nos quema.

Y el hombre . . . Pobre . . . pobre! Vuelve los ojos, como
cuando por sobre el hombro nos llama una palmada;
vuelve los ojos locos, y todo lo vivido
se empoza, como charco de culpa, en la mirada.

Hay golpes en la vida, tan fuertes . . . Yo no sé!

The Black Heralds

Life has such blows and such harsh ones . . . I don't know!
Blows like the hatred of God; as if before them,
the whiplash of all suffering
were to damn up the soul . . . I don't know!

They are few, yet they are . . . cleaving dark furrows
in the proudest of faces and the strongest of backs.
Perhaps they are the colts of barbarous Attilas;
or the black heralds sent to us by Death.

They are the deep downfall of the Christ's soul,
of some adoring faith that Destiny blasphemes.
These bloody blows are the cracklings
of some bread we burn at the oven door.

And man . . . Poor . . . poor! He turns his eyes, as
when we are called by a pat on the shoulder;
he turns his mad eyes, and all experienced
wells up, like a pool of guilt in his gaze.

Life has such blows and such harsh ones . . . I don't know!

La voz del espejo

Así pasa la vida, como raro espejismo.
La rosa azul que alumbra y da el ser al cardo!
Junto al dogma del fardo
matador, el sofisma del Bien y la Razón!

Se ha cogido, al acaso, lo que rozó la mano;
los perfumes volaron, y entre ellos se ha sentido
el moho que a mitad de la ruta ha crecido
en el manzano seco de la muerta Ilusión.

Así pasa la vida,
con cánticos aleves de agostada bacante.
Yo voy todo azorado, adelante . . . adelante,
rezongando mi marcha funeral.

Van al pie de brahmánicos elefantes reales,
y al sórdido abejeo de un hervor mercurial,
parejas que alzan brindis esculpidos en roca
y olvidados crepúsculos una cruz en la boca.

Así pasa la vida, vasta orquesta de Esfinges
que arrojan al Vacío su marcha funeral.

The Voice of the Mirror

So life passes like a rare mirage.
The blue rose gives light and being to the thistle!
Beside the dogma of the bundle
murderer, the sophism of The Good and The Reason!

By chance it has caught the thing which brushed the hand;
the perfumes diffused, and between them has felt
the moss that in the middle of the road has grown
in the dry apple-tree of the dead Illusion.

So life passes,
with the singing of treacherous parched bacchantes.
I go totally overwhelmed, forward . . . forward,
muttering my funeral march.

They walk close to the feet of Royal Brahmin elephants,
and the sordid buzz of a boil mercurial,
couples raise a toast sculpted in rock,
and forgotten ones dawn a cross on the mouth.

So life passes, a vast orchestra of Sphinxes
who throws on the Abyss, their funeral march.

Deshojación sagrada

Luna! Corona de una testa inmensa,
que te vas deshojando en sombras gualdas!
Roja corona de un Jesús que piensa
trágicamente dulce de esmeraldas!

Luna! Alocado corazón celeste
¿por qué bogas así, dentro la copa
llena de vino azul, hacia el oeste,
cual derrotada y dolorida popa?

Luna! Y a fuerza de volar en vano,
te holocaustas en ópalos dispersos:
tú eres talvez mi corazón gitano
que vaga en el azul llorando versos! . . .

A Divine Falling of Leaves

Moon! Crown of an enormous head,
dropping leaves into yellows shadows!
Red crown of a Jesus who thinks
tragically, soft of emeralds!

Moon! Reckless heart celestial,
why do you row this way, inside the cup
full of blue wine, toward the west
whose stern is defeated and painful?

Moon! It's no use flying away,
so you go up in flames of scattered opals;
maybe you are my gypsy heart
who wanders in the blue, crying verses! . . .

Bordas de hielo

Vengo a verte pasar todos los días,
vaporcito encantado siempre lejos . . .
Tus ojos son dos rubios capitanes;
tu labio es un brevísimo pañuelo
rojo que ondea en un adiós de sangre!

Vengo a verte pasar; hasta que un día,
embriagada de tiempo y de crueldad,
vaporcito encantado siempre lejos,
la estrella de la tarde partirá!

Las jarcias; vientos que traicionan; vientos
de mujer que pasó!
Tus fríos capitanes darán orden;
y quien habrá partido seré yo . . .

Ice Boat

I come to see you go by every day,
enchanting boat, always distant . . .
Your eyes two blond captains,
your lips one tiny red handkerchief
waving a bloodstained farewell!

I come to see you go by, until one day,
intoxicated of time and cruelty,
enchanted boat, always distant,
the afternoon star will depart!

The rigging winds that betray, winds
of a woman that has passed by!
Your cold captains give orders;
And the one who departs will be I . . .

Medialuz

He soñado una fuga. Y he soñado
tus encajes dispersos en la alcoba.
A lo largo de un muelle, alguna madre;
y sus quince años dando el seno a una hora.

He soñado una fuga. Un «para siempre»
suspirado en la escala de una proa;
he soñado una madre;
unas frescas matitas de verdura,
y el ajuar constelado de una aurora.

A lo largo de un muelle . . .
Y a lo largo de un cuello que se ahoga!

Twilight

I've dreamed a leak. And I've dreamed
your laces dispersed in the bedroom;
along the length of a wharf, some mother;
breastfeeding the hour at her fifteen years.

I've dreamt a leak. A "forever"
sighing at a prow's ladder.
I've dreamed a mother;
some fresh sprigs planted of vegetables,
and the starry trousseau stitched of a dawn.

Along the length of a wharf . . .
And along the length of a throat drowning!

Sauce

Lirismo de invierno, rumor de crespones,
cuando ya se acerca la pronta partida;
agoreras voces de tristes canciones
que en la tarde rezan una despedida.

Visión del entierro de mis ilusiones
en la propia tumba de mortal herida.
Caridad verónica de ignotas regiones,
donde a precio de éter se pierde la vida.

Cerca de la aurora partiré llorando;
y mientras mis años se vayan curvando,
curvará guadañas mi ruta veloz.

Y ante fríos óleos de luna muriente,
con timbres de aceros en tierra indolente,
cavarán los perros, aullando, un adiós!

Willow

Winter's lyricism, sound of muslin,
when the early departure is approaching,
doomed voices of sad tunes
that in the afternoon prays a farewell.

Vision of my buried delusions
in my own tomb of a mortal wound.
Veronica charity of unknowns lands,
where the life is lost at an ether price.

Close to the dawn I will depart crying;
and while my years are hunching
my fast path will curve scythes.

Before the cold unction of a dying moon,
with steel dings in an indolent land,
the dogs will dig, howling, a goodbye!

Ausente

Ausente! La mañana en que me vaya
más lejos de lo lejos, al Misterio,
como siguiendo inevitable raya,
tus pies resbalarán al cementerio.

Ausente! La mañana en que a la playa
del mar de sombra y del callado imperio,
como un pájaro lúgubre me vaya,
será el blanco panteón tu cautiverio.

Se habrá hecho de noche en tus miradas;
y sufrirás, y tomarás entonces
penitentes blancuras laceradas.

Ausente! Y en tus propios sufrimientos
ha de cruzar entre un llorar de bronces
una jauría de remordimientos!

Absent

Absent! The morning I go
farther than the farthest, to the Mystery,
like following an inevitable line,
your feet will glide to the cemetery.

Absent! The morning when to the beach
the sea is shadow and the hushed empire,
I go like a mournful bird,
the white pantheon will hold you captive.

The night will fall in your eyes
and you will suffer, taking
the torn white garments of a penitent.

Absent! within your sufferings
a bronze weeping, there will pass a hound
pack of remorse.

Bajo los álamos

para José Garrido

Cual hieráticos bardos prisioneros,
los álamos de sangre se han dormido.
Rumian arias de yerba al sol caído,
las greyes de Belén en los oteros.

El anciano pastor, a los postreros
martirios de la luz, estremecido,
en sus pascuales ojos ha cogido
una casta manada de luceros.

Labrado en orfandad baja al instante
con rumores de entierro, al campo orante;
y se otoñan de sombra las esquilas.

Supervive el azul urdido en hierro,
y en él, amortajadas las pupilas,
traza su aullido pastoral un perro.

Beneath the Poplars

for José Garrido

Like poet-priests who've been imprisoned,
the poplars of blood have slept
chewing songs of grass in the sunset,
the herds of Bethlehem on the hills.

To the latest martyrs of light
the ancient shepherd, shaken
in his Easters' eyes have picked up
a caste herd of constellations.

Tilled in orphanhood the moment gone down
with burial rumors, in the praying meadows
cowbells fill with autumn shadows.

Survive the blue weaved on iron,
in which the shrouded pupils
a dog draws his pastoral howl.

La araña

Es una araña enorme que ya no anda;
una araña incolora, cuyo cuerpo,
una cabeza y un abdomen, sangra.

Hoy la he visto de cerca. Y con qué esfuerzo
hacia todos los flancos
sus pies innumerables alargaba.
Y he pensado en sus ojos invisibles,
los pilotos fatales de la araña.

Es una araña que temblaba fija
en un filo de piedra;
el abdomen a un lado,
y al otro la cabeza.

Con tantos pies la pobre, y aún no puede
resolverse. Y, al verla
atónita en tal trance,
hoy me ha dado qué pena esa viajera.

Es una araña enorme, a quien impide
el abdomen seguir a la cabeza.
Y he pensado en sus ojos
y en sus pies numerosos . . .
¡Y me ha dado qué pena esa viajera!

The Spider

It is an enormous spider no longer moving;
a colorless spider whose body,
head, and abdomen, is bleeding.

I've seen him so close today. With what strength
he lengthened his innumerable feet
to every side.
And I think of his invisible eyes
those fatal pilots of the spider.

It's a spider who shivered, fixed
at the edge of a stone;
the abdomen on one side
and on the other, its head.

With so many feet the poor thing, and yet he cannot
make himself out. And I, watching him
amazed in such trance,
what strange pain this traveler gives me today.

It's an enormous spider, whose abdomen
prevents him from following his head.
I've thought about his eyes
and his numerous feet . . .
And what strange pain this traveler gives me today!

Babel

Dulce hogar sin estilo, fabricado
de un solo golpe y de una sola pieza
de cera tornasol. Y en el hogar
ella daña y arregla; a veces dice:
«El hospicio es bonito; aquí no más!»
¡Y otras veces se pone a llorar!

Babel

Sweet home with no style, built
with just one stroke and just one piece
of glint wax. And at home
she destroys and she cleans; says at times:
"The asylum is nice. Right here!"
Other times she breaks down and cries!

Heces

Esta tarde llueve, como nunca; y no
tengo ganas de vivir, corazón.

Esta tarde es dulce. ¿Por qué no ha de ser?
Viste de gracia y pena; viste de mujer.

Esta tarde en Lima llueve. Y yo recuerdo
las cavernas crueles de mi ingratitud,
mi bloque de hielo sobre su amapola,
más fuerte que su «No seas así!»

Mis violentas flores negras; y la bárbara
y enorme pedrada; y el trecho glacial.
Y pondrá el silencio de su dignidad
con óleos quemantes el punto final.

Por eso esta tarde, como nunca, voy
con este búho, con este corazón.

Y otras pasan; y viéndome tan triste,
toman un poquito de ti
en la abrupta arruga de mi hondo dolor.
Esta tarde llueve, llueve mucho. ¡Y no
tengo ganas de vivir, corazón!

Dregs

This afternoon it's raining, as never before; and I don't
feel like staying alive, heart.

This afternoon is gentle. Why not?
Wears grace and grief, dressed like a woman.

This afternoon, in Lima, it's raining. And I remember
the cruel caverns of my ingratitude;
my block of ice on her poppy,
stronger than her "Don't be this way!"

My violent black flowers; and the barbarous
and staggering blow with a stone; and the glacial roof.
And will put the silence of her dignity
with burning oils on the endpoint.

Therefore, this afternoon, as never before, I walk
with this owl, with this heart.

And other women pass me by; and seeing me so sad,
they take a little piece from you,
in the abrupt wrinkle of my deep grief.
This afternoon it's raining, rain so hard. And I don't
feel like staying alive, heart!

La copa negra

La noche es una copa de mal. Un silbo agudo
del guardia la atraviesa, cual vibrante alfiler.
Oye, tú, mujerzuela, ¿cómo, si ya te fuiste,
la onda aún es negra y me hace aún arder?

La Tierra tiene bordes de féretro en la sombra.
Oye, tú, mujerzuela, no vayas a volver.

Mi carne nada, nada
en la copa de sombra que me hace aún doler;
mi carne nada en ella,
como en un pantanoso corazón de mujer.

Ascua astral . . . He sentido
secos roces de arcilla
sobre mi loto diáfano caer.
Ah, mujer! Por ti existe
la carne hecha de instinto. Ah mujer!

Por eso ¡oh, negro cáliz! aun cuando ya te fuiste,
me ahogo con el polvo;
y piafan en mis carnes más ganas de beber!

The Black Cup

The night is a cup of evil. A police whistle
cuts across it, like a vibrating pin.
Trampy woman, listen, how is it if you've gone away,
the wave is still black and still makes me flare up?

The Earth holds edges of a coffin in the shadows.
Trampy woman, listen, please don't come back.

My flesh swims, swims
in the cup of darkness that still makes me feel pain;
my flesh swims in there
as in a swampy heart of a woman.

Starlike coal . . . I've felt
dry touches of clays
over my transparent lotus.
Ah, woman. The flesh of instinct
exists for and within you. Ah, woman!

Because of this, oh black chalice! even when you're gone,
I smother in dust,
and other desires to drink start pawing inside my flesh.

Aldeana

Lejana vibración de esquilas mustias
en el aire derrama
la fragancia rural de sus angustias.
En el patio silente,
sangra su despedida el sol poniente.
El ámbar otoñal del panorama
toma un frío matiz de gris doliente!

Al portón de la casa,
que el tiempo con sus garras torna ojosa,
asoma silenciosa
y al establo cercano luego pasa,
la silueta calmosa
de un buey color de oro,
que añora con sus bíblicas pupilas,
oyendo la oración de las esquilas,
su edad viril de toro!

¡Al muro de la huerta,
aleteando la pena de su canto,
salta un gallo gentil, y un triste alerta,
cual dos gotas de llanto,
tiemblan sus ojos a la tarde muerta!

Lánguido se derrama
en la vetusta aldea
el dulce yaraví de una guitarra,
en cuya eternidad de hondo quebranto
la triste voz de un indio dondonea,
como un viejo esquilón de camposanto.

Villager

Distant vibration of small rusty bells
spills on the air
the rural fragrance of their anguish.
In the silent light
the setting sun bleeds its farewell.
Autumn's amber on the landscape
takes on a cold hue of mournful gray!

To the gate of the house,
that time's claws fill it with holes,
peeping in silence,
passing then to the nearby stable,
the calm silhouette
of an ox color of gold,
who yearns with its biblical eyes
listening the prayers of the cowbells
his virile bull age!

A noble rooster jumps across,
the garden wall,
flapping the pain of his song, and in sad alert,
as two drops of weep,
tremble his eyes in the dead afternoon!

At the old village
languidly plucks
the soft yaraví* of a guitar,
in whose eternity of deep suffering
the sad voice of an Indian tolls
like a huge old bell in a cemetery.

De codos yo en el muro,
cuando triunfa en el alma el tinte oscuro,
y el viento reza en los ramajes yertos
llantos de quena, tímidos, inciertos,
suspiro una congoja
al ver que en la penumbra gualda y roja
llora un trágico azul de idilios muertos!

Leaning my elbows on the wall,
when dark hues triumph in the soul
and the wind prays in stiff branches
wooden flute laments, timid, uncertain,
I sigh my dismay,
to see that in the scarlet and gold penumbra
weeps a tragic blue of dead idylls!

**Yaraví is a melancholic song, originally from Quechua.*

Ágape

Hoy no ha venido nadie a preguntar,
ni me han pedido en esta tarde nada.

No he visto ni una flor de cementerio
en tan alegre procesión de luces.
Perdóname, Señor: qué poco he muerto!

En esta tarde todos, todos pasan
sin preguntarme ni pedirme nada.

Y no sé qué se olvidan y se queda
mal en mis manos, como cosa ajena.

He salido a la puerta,
y me da ganas de gritar a todos:
Si echan de menos algo, aquí se queda!

Porque en todas las tardes de esta vida,
yo no sé con qué puertas dan a un rostro,
y algo ajeno se toma el alma mía.

Hoy no ha venido nadie;
y hoy he muerto qué poco en esta tarde!

Agape

Today no one comes to inquire,
nor wants anything from me this afternoon.

I've not seen a single graveyard flower
in all this gay procession of lights.
Forgive me, Lord: how little I've died!

In this afternoon everyone, everyone goes by
without asking or begging me anything.

And I don't know what it is they forget that remains
wrong in my hands, like an alien thing.

I've come to the door,
I feel like shouting to everyone:
if you miss something, here it is!

Because on every afternoon of this life,
I don't know which doors they slam in the face,
and my soul takes something that belongs to another.

Today nobody comes;
and today I've died how little this afternoon!

Rosa blanca

Me siento bien. Ahora
brilla un estoico hielo
en mí.
Me da risa esta soga
rubí
que rechina en mi cuerpo.

Soga sin fin,
como una
voluta
descendente
de mal . . .
Soga sanguínea y zurda
formada de
mil dagas en puntal.

Que vaya así, trenzando
sus rollos de crespón;
y que ate el gato trémulo
del Miedo al nido helado,
al último fogón.

Yo ahora estoy sereno,
con luz.
Y maya en mi Pacífico
un náufrago ataúd.

White Rose

I feel all right. Now
a stoical frost shines
on me.
Making me laugh, ruby-colored
rope
that grinds in my body.

Endless rope,
like a
spiral
descending
of evil . . .
bloody rope and lefty
shaped by
a thousand strut daggers.

Going in this way, braiding
its rolls of crepe;
and tying the tremulous cat
of Fear to the frozen nest,
to the ultimate bonfire.

And now I am calm,
surrounded by light.
And a shipwrecked coffin
meows in my Pacific.

El pan nuestro

para Alejandro Gamboa

Se bebe el desayuno . . . Húmeda tierra
de cementerio huele a sangre amada.
Ciudad de invierno . . . La mordaz cruzada
de una carreta que arrastrar parece
una emoción de ayuno encadenada!

Se quisiera tocar todas las puertas,
y preguntar por no sé quién; y luego
ver a los pobres, y, llorando quedos,
dar pedacitos de pan fresco a todos.
Y saquear a los ricos sus viñedos
con las dos manos santas
que a un golpe de luz
volaron desclavadas de la Cruz!

Pestaña matinal, no os levantéis!
¡El pan nuestro de cada día dánoslo,
Señor . . . !

Todos mis huesos son ajenos;
yo talvez los robé!
Yo vine a darme lo que acaso estuvo
asignado para otro;
y pienso que, si no hubiera nacido,
otro pobre tomara este café!
Yo soy un mal ladrón . . . A dónde iré!

Y en esta hora fría, en que la tierra
trasciende a polvo humano y es tan triste,
quisiera yo tocar todas las puertas,
y suplicar a no sé quién, perdón,
y hacerle pedacitos de pan fresco
aquí, en el horno de mi corazón . . . !

Our Daily Bread

for Alejandro Gamboa

Drinks the breakfast . . . Humid earth
of cemetery smells of loved blood.
City of winter . . . The scathing crusade
of a cart that seems pulling
emotions of fasting that cannot get free!

Wish I could knock all the doors,
and ask for I don't know who; and then
look at the poor, and, while they wept softly,
give bits of fresh bread to all of them.
And plunder the rich of the vineyards
with the two holy hands
that with one blow of light,
flew away from the Cross!

Eyelash of morning do not rise!
Give us this day our daily bread,
Lord . . . !

All my bones in me belong to others;
and maybe I robbed them.
I came to take something for myself that maybe
was meant for some other man;
and I start thinking that, if I had not been born,
another poor man could drink this coffee.
I am an evil thief . . . Where will I end!

In this frigid hour, when the earth
transcends the human dust and is so sad,
I wish I could knock on all doors
and beg pardon to I don't know who
and make bits of fresh bread for him
here, in the oven of my heart . . . !

Los dados eternos

Dios mío, estoy llorando el ser que vivo,
me pesa haber tomádote tu pan;
pero este pobre barro pensativo
no es costra fermentada en tu costado:
tú no tienes Marías que se van!

Dios mío, si tú hubieras sido hombre,
hoy supieras ser Dios;
pero tú, que estuviste siempre bien,
no sientes nada de tu creación.
Y el hombre sí te sufre: el Dios es él!

Hoy que en mis ojos brujos hay candelas,
como en un condenado,
Dios mío, prenderás todas tus velas,
y jugaremos con el viejo dado.
Tal vez ¡oh jugador! al dar la suerte
del universo todo,
surgirán las ojeras de la Muerte,
como dos ases fúnebres de lodo.

Dios míos, y esta noche sorda, oscura,
ya no podrás jugar, porque la Tierra
es un dado roído y ya redondo
a fuerza de rodar a la aventura,
que no puede parar sino en un hueco,
en el hueco de inmensa sepultura.

The Eternal Dice

My God, I am weeping for the being I'm living;
I am sorry to have taken your bread;
but this wretched thinking dough
is not a crust leavened in your side,
you don't have Marias who are departing!

My God, if you had been man,
today you would know how to be God,
but you, you've been always fine,
you feel nothing of your creation.
And the man oh yes is suffering you: the God is him!

Today, that there are candles in my magic eyes,
like in a condemned man,
my God, you will light all your lights,
and we will play with the old die . . .
Perhaps, oh player! in bringing the good luck
of the entire universe,
the ringside eyes of Death will turn up,
like two grim aces of mud.

My God, in this still, dark night
you can't play anymore, because the Earth
is already a die worn and smoothed out at the edges
from rolling by chance,
that can only stop in a space,
in the space of an immense sepulcher.

Los anillos fatigados

Hay ganas de volver, de amar, de no ausentarse,
y hay ganas de morir, combatido por dos
aguas encontradas que jamás han de istmarse.

Hay ganas: de un gran beso que amortaje a la Vida,
que acaba en el áfrica de una agonía ardiente,
suicida!

Hay ganas de . . . no tener ganas. Señor;
a ti yo te señalo con el dedo deicida:
hay ganas de no haber tenido corazón.

La primavera vuelve, vuelve y se irá. Y Dios,
curvado en tiempo, se repite, y pasa, pasa
a cuestas con la espina dorsal del Universo.

Cuando las sienes tocan su lúgubre tambor,
cuando me duele el sueño grabado en un puñal,
hay ganas de quedarse plantado en este verso!

The Weary Circles

There are desires to return, to love, not to go away,
and there are desires to die, fought by two
contrary waters that will never become isthmus.

There are desires for a kiss that would shroud life,
that withers in Africa of a fiery agony,
suicide!

There are desires to . . . to not have desires. Lord;
at you I point my god murdering finger.
There are desires not to have had a heart at all.

Spring returns, returns to go away once again. And God,
curved in time, repeats himself passing,
passing with the spinal cord of the Universe on his shoulder.

When my temples bent their mournful drum,
when the dream etched on a knife is hurting me,
there are desires not to move on an inch from this poem!

Los pasos lejanos

Mi padre duerme. Su semblante augusto
figura un apacible corazón;
está ahora tan dulce . . .
si hay algo en él de amargo, seré yo.

Hay soledad en el hogar; se reza;
y no hay noticias de los hijos hoy.
Mi padre se despierta, ausculta
la huida a Egipto, el restañante adiós.
Está ahora tan cerca;
si hay algo en él de lejos, seré yo.

Y mi madre pasea allá en los huertos,
saboreando un sabor ya sin sabor.
Está ahora tan suave,
tan ala, tan salida, tan amor.

Hay soledad en el hogar sin bulla,
sin noticias, sin verde, sin niñez.
Y si hay algo quebrado en esta tarde,
y que baja y que cruje,
son dos viejos caminos blancos, curvos.
Por ellos va mi corazón a pie.

The Distant Footsteps

My father sleeps. His noble face
shows a mild heart within;
he's so sweet now . . .
if there's anything bitter within him, it's me.

There's a loneliness in the living; they are praying;
and there's no news of the children today.
My father wakes, he listens
the flight into Egypt, the staunched goodbye.
Now he's so near;
if there's anything distant within him, it's me.

My mother walks in the orchard,
savoring a taste already without savor.
Now she's so gentle,
so much nervy, so much rakish, so much love.

There is loneliness in the living without sound,
without news, without greenness, without childhood.
And if there's something broken this afternoon,
and descends and creaks
it's two old roads, curving and white.
Down them my heart walks on foot.

A mi hermano Miguel

In memoriam

Hermano, hoy estoy en el poyo de la casa,
donde nos haces una falta sin fondo!
Me acuerdo que jugábamos esta hora, y que mamá
nos acariciaba: «Pero, hijos . . . »

Ahora yo me escondo,
como antes, todas estas oraciones
vespertinas, y espero que tú no des conmigo.
Por la sala, el zaguán, los corredores.
Después, te ocultas tú, y yo no doy contigo.
Me acuerdo que nos hacíamos llorar,
hermano, en aquel juego.

Miguel, tú te escondiste
una noche de agosto, al alborear;
pero, en vez de ocultarte riendo, estabas triste.
Y tu gemelo corazón de esas tardes
extintas se ha aburrido de no encontrarte. Y ya
cae sombra en el alma.
Oye, hermano, no tardes
en salir. Bueno? Puede inquietarse mamá.

To My Brother Miguel

In memoriam

Brother, today I sit on the stone bench by our home
where we miss you terribly!
I remember we used to play at this hour, and Mama
would hug us: "But, my sons . . . "

Now I hide,
and as before, from all evening
prayers, and I trust you won't give me away.
Through the parlor, the vestibule, the corridors.
later, you hide, and I can't find you.
I remember that we made each other cry,
brother, in that game.

Miguel, you hid yourself
one August night, just before dawn;
but, instead of laughing when you hid, you were sad.
And your twin heart of those now extinct
afternoons has grown weary of not finding you. And now
a shadow falls in the soul.

Listen, brother, don't take so long
coming out. All right? Mama might worry.

Enéreida

Mi padre, apenas,
en la mañana pajarina, pone
sus setentiocho años, sus setentiocho
ramos de invierno a solear.
El cementerio de Santiago, untado
en alegre año nuevo, está a la vista.
Cuántas veces sus pasos cortaron hacia él,
y tornaron de algún entierro humilde.

Hoy hace mucho tiempo que mi padre no sale!
Una broma de niños se desbanda.

Otras veces le hablaba a mi madre
de impresiones urbanas, de política;
y hoy, apoyado en su bastón ilustre
que sonara mejor en los años de la Gobernación,
mi padre está desconocido, frágil,
mi padre es una víspera.
Lleva, trae, abstraído, reliquias, cosas,
recuerdos, sugerencias.
La mañana apacible le acompaña
con sus alas blancas de hermana de la caridad.

Día eterno es éste, día ingenuo, infante
coral, oracional;
se corona el tiempo de palomas,
y el futuro se puebla
de caravanas de inmortales rosas.
Padre, aún sigue todo despertando;
es enero que canta, es tu amor
que resonando va en la Eternidad.
Aún reirás de tus pequeñuelos,
y habrá bulla triunfal en los Vacíos.

Filled with January

In bird morning,
my father, with difficulty, puts
his seventy-eight years, his seventy-eight
winter branches out in the sun.
The cemetery of Santiago seen at a glance
anointed in a happy new year.
How many times his steps cut toward it,
returning from some sad and humble burial.

For a long time now my father hasn't left the house!
A joke of children is dispersed.

Other times he used to speak to my mother
about urban impressions, politics;
and today, leaning on his illustrious cane
having a better ring to it during the years of the government,
my father looks unknown, fragile,
my father is an eve of.
Absentmindedly he carries, keeps with him, relics,
things, memories, suggestions.
The affable morning accompanies him
with its white wings of a sister of charity.

This is an eternal day, ingenuous day, infant,
sharp, day of prayers,
time crowned with doves,
the future is peopled
with caravans of immortal roses.
Father, all is wide awake still;
is January who sings, is your love
who is resonating goes to Eternity.
You still laugh at your babies,
and will be triumphal noise in the Voids.

Aún será año nuevo. Habrá empanadas;
y yo tendré hambre, cuando toque a misa
en el beato campanario
el buen ciego mélico con quien
departieron mis sílabas escolares y frescas,
mi inocencia rotunda.
Y cuando la mañana llena de gracia,
desde sus senos de tiempo
que son dos renuncias, dos avances de amor
que se tienden y ruegan infinito, eterna vida,
cante, y eche a volar Verbos plurales,
jirones de tu ser,
a la borda de sus alas blancas
de hermana de la caridad, ¡oh, padre mío!

Still be new year. There will be meat pies,
and I'll be hungry, when the call to Mass is sounded
in the blessed bell tower
by the good, lyrical blindfolded man with whom
my syllables scholarly and fresh departed,
in my rotund innocence.
And when morning full of grace
from its bosoms of time
that are two renunciations, two advances of love
stretching out, imploring the infinite, eternal life,
sings, and begins to fly plural Verbs,
pennants of your being,
on the sail of her white wings
of a sister of charity, oh my father!

Espergesia

Yo nací un día
que Dios estuvo enfermo.

Todos saben que vivo,
que soy malo; y no saben
del diciembre de ese enero.
Pues yo nací un día
que Dios estuvo enfermo.

Hay un vacío
en mi aire metafísico
que nadie ha de palpar:
el claustro de un silencio
que habló a flor de fuego.
Yo nací un día
que Dios estuvo enfermo.

Hermano, escucha, escucha . . .
Bueno. Y que no me vaya
sin llevar diciembres,
sin dejar eneros.
Pues yo nací un día
que Dios estuvo enfermo.

Todos saben que vivo,
que mastico . . . Y no saben
por qué en mi verso chirrían,
oscuro sinsabor de féretro,
luyidos vientos
desenroscados de la Esfinge
preguntona del Desierto.

I Was Born on a Day God Was Sick

I was born
on a day God was sick.

They all know I live,
that I'm bad, and they don't know
about the December that follows from that January.
'Cause I was born
on a day God was sick.

There is an empty place
in my metaphysical shape
that no one can reach:
the cloister of silence
speaking with the muffled voice of its fire.
I was born
on a day God was sick.

Brother, listen to me, listen . . .
Oh, all right. Don't worry, I won't leave
without taking Decembers along,
without leaving Januaries behind.
I was born
on a day God was sick.

They all know I'm alive,
that I chew my food . . . And they don't know
why in my verses creaks,
the dark uneasiness
of a coffin,
disentangled winds unscrewed from the Sphinx
inquisitive of the Desert.

Todos saben . . . Y no saben
que la luz es tísica,
y la Sombra gorda . . .
Y no saben que el Misterio sintetiza . . .
que él es la joroba
musical y triste que a distancia denuncia
el paso meridiano de las lindes a las Lindes.

Yo nací un día
que Dios estuvo enfermo,
grave.

Yes, they all know . . . And they don't know
the light getting skinny,
and the Shadow is fat . . .
And they don't know Mystery joins things together . . .
that he is hunchbacked,
musical, sad, standing a little way off and foretells
the dazzling progression from the limits to the Limits.

I was born
on a day God was sick.

Gravely.

César Vallejo and Georgette, taking a walk in Madrid, 1931. Beside them is the poet Rafael Alberti.

Photo: Juan Larrea Collection/Archives Malanga

from

Trilce

1922

III

Las personas mayores
¿a qué hora volverán?
Da las seis el ciego Santiago,
y ya está muy oscuro.

Madre dijo que no demoraría.

Aguedita, Nativa, Miguel,
cuidado con ir por ahí, por donde
acaban de pasar gangueando sus memorias
dobladoras penas,
hacia el silencioso corral, y por donde
las gallinas que se están acostando todavía,
se han espantado tanto.
Mejor estemos aquí no más.
Madre dijo que no demoraría.

Ya no tengamos pena. Vamos viendo
los barcos ¡el mío es más bonito de todos!
con los cuales jugamos todo el santo día,
sin pelearnos, como debe de ser:
han quedado en el pozo de agua, listos,
fletados de dulces para mañana.

Aguardemos así, obedientes y sin más
remedio, la vuelta, el desagravio
de los mayores siempre delanteros
dejándonos en casa a los pequeños,
como si también nosotros no pudiésemos partir.

Aguedita, Nativa, Miguel?
Llamo, busco al tanteo en la oscuridad.
No me vayan a haber dejado solo,
y el único recluso sea yo.

III

What time are the grown-ups
getting back?
Blind Santiago strikes six
and already darkness takes hold.

Mother said she wouldn't delay.

Aguedita, Nativa, Miguel,
be careful of going over there, where
their doubled-up memories just passed
snuggling
toward the silent corral, and whereby
the hens settle for the night
they have frightened a lot.
We'd better just stay here.
Mother said she wouldn't delay.

Besides, we shouldn't be sad. Let's go on seeing
the boats! (mine's the prettiest of the toy fleet!)
which we've played the whole blessed day,
without fighting among ourselves, as it should be:
they stayed behind in the puddle, all ready,
loaded with sweet things for tomorrow.

Let's obediently wait, there's no choice but,
for the homecoming, the relief of
the adults, who are always the first
to abandon us small ones in the house,
as if we couldn't go out on our own!

Aguedita, Nativa, Miguel?
I call to you, feeling around for you in that very same darkness.
Don't leave me behind by myself,
to be the only recluse locked in all alone.

XIV

Cual mi explicación.
Esto me lacera la temprania.
Esta manera de caminar por los trapecios.
Esos corajosos brutos como postizos.
Esa goma que pega el azogue al adentro.
Esas posaderas sentadas para arriba.
Ese no puede ser, sido.
Absurdo.
Demencia.
Pero he venido de Trujillo a Lima.
Pero gano un sueldo de cinco soles.

XIV

My explanation exactly.
It's hurts me, because it's so premature.
This business of tightrope walking.
Those brave beasts staring as if they saw themselves unnatural.
That amalgam sticking the quicksilver to the inside.
These buttocks sitting up.
This cannot be! But it is!
Absurdity!
Madness!
But I have come from Trujillo to Lima.
Yet I earn only a wage worth five *soles*.*

**Peruvian currency*

XV

En el rincón aquel, donde dormimos juntos
tantas noches, ahora me he sentado
a caminar. La cuja de los novios difuntos
fue sacada, o talvez qué habrá pasado.

Has venido temprano a otros asuntos,
y ya no estás. Es el rincón
donde a tu lado, leí una noche,
entre tus tiernos puntos,
un cuento de Daudet. Es el rincón
amado. No lo equivoques.

Me he puesto a recordar los días
de verano idos, tu entrar y salir,
poca y harta y pálida por los cuartos.

En esta noche pluviosa,
ya lejos de ambos dos, salto de pronto . . .
Son dos puertas abriéndose cerrándose,
dos puertas que al viento van y vienen
sombra a sombra.

XV

In that corner we sleep together
so many nights, now I'm sitting there
to walk. The bed of one-time lovers
was pushed aside, or whatever has happened.

You've come early today to deal with other issues
and you're not here. It was in this corner
where one night between your tender breasts
I read beside you
a tale of Daudet's. This is the beloved
corner. Don't deny it.

I've set myself to recording the days
of that summer long past, your coming and going
small and brave and pale though these rooms.

On this night of rain
dropping so far removed from us. I suddenly leap up! . . .
There are two doors opening and closing,
two doors that come and go in the wind
shadow   to   shadow.

XVI

Tengo fe en ser fuerte.
Dame, aire manco, dame ir
galoneándome de ceros a la izquierda.
Y tú, sueño, dame tu diamante implacable,
tu tiempo de deshora.

Tengo fe en ser fuerte.
Por allí avanza cóncava mujer,
cantidad incolora, cuya
gracia se cierra donde me abro.

Al aire, fray pasado. Cangrejos, zote!
Avístate la verde bandera presidencial,
arriando las seis banderas restantes,
todas las colgaduras de la vuelta.

Tengo fe en que soy,
y en que he sido menos.

Ea! Buen primero!

XVI

I have faith in being strong.
Depleted air, set me free, let me go,
decorate my left side with zeros,
and you, dream, surrender your unyielding diamond
your timeless demand.

Yes, I have faith in being strong.
Over there goes a hollow woman,
as in a colorless quantity, whose
grace closes within when I open my heart.

In the street an ancient friar walks, dull crabs
admire the green banner of the president
topping the other six banners
all the bunting of the return.

I have faith that I am,
and I have been less.

Behold! The first good one!

XVIII

Oh las cuatro paredes de la celda.
Ah las cuatro paredes albicantes
que sin remedio dan al mismo número.

Criadero de nervios, mala brecha,
por sus cuatro rincones cómo arranca
las diarias aherrojadas extremidades.

Amorosa llavera de innumerables llaves,
si estuvieras aquí, si vieras hasta
qué hora son cuatro estas paredes.
Contra ellas seríamos contigo, los dos,
más dos que nunca. Y ni lloraras,
di, libertadora!

Ah las paredes de la celda.
De ellas me duele entretanto, más
las dos largas que tienen esta noche
algo de madres que ya muertas
llevan por bromurados declives,
a un niño de la mano cada una.

Y sólo yo me voy quedando,
con la diestra, que hace por ambas manos,
en alto, en busca de terciario brazo
que ha de pupilar, entre mi dónde y mi cuándo,
esta mayoría inválida de hombre.

XVIII

Oh the four walls of the cell.
Ah the four bleaching walls
that open without fail the same number.

Nursery of nerves, crooked dice,
how its four corners wrench
at the daily shackled extremities.

Amorous mistress of innumerable keys
if only you were here, if you could see
what hour these four walls are
without closing in. Against them we would be,
with you, two, two more than ever.
You would not cry, my liberator!

Ah the walls of the cell.
They hurt me, most of all
the two long ones that tonight
remind me a bit of mothers now dead
upon bromine slopes
leading a child by the hand each one.

I find only myself left behind,
with my right hand, serving for both,
lifting in search of a third arm
housing, between my where and my when,
this futile manhood of mine.

XXXIII

Si lloviera esta noche, retiraríame
de aquí a mil años.
Mejor a cien no más.
Como si nada hubiese ocurrido, haría
la cuenta de que vengo todavía.

O sin madre, sin amada, sin porfía
de agacharme a aguaitar al fondo, a puro
pulso,
esta noche así, estaría escarmenando
la fibra védica,
la lana védica de mi fin final, hilo
del diantre, traza de haber tenido
por las narices
a dos badajos inacordes de tiempo
en una misma campana.

Haga la cuenta de mi vida
o haga la cuenta de no haber aún nacido
no alcanzaré a librarme.

No será lo que aún no haya venido, sino
lo que ha llegado y ya se ha ido,
sino lo que ha llegado y ya se ha ido.

XXXIII

If it rained tonight I would retire
from here to a thousand years.
Or better just a hundred, no more,
as if nothing had happened, I should imagine
that I'm still to come.

Oh, motherless and loveless, without an urge
to squat down and loom into the very depths by pure
strength,
tonight, like this, I should be disentangling
the Vedic fiber,
the Vedic wool of my final end, thread
of the devil, the twisting
mark of having held by the nose
two jangling clappers of time
in one single bell.

Do the math of my life,
or do the math of yourself still not born yet,
I shall not succeed in freeing myself.

It will not be what has not yet come, but what has
arrived and already gone, but what has
arrived and already gone.

XLV

Me desvinculo del mar
cuando vienen las aguas a mí.

Salgamos siempre. Saboreemos
la canción estupenda, la canción dicha
por los labios inferiores del deseo.
Oh prodigiosa doncellez.
Pasa la brisa sin sal.

A lo lejos husmeo los tuétanos
oyendo el tanteo profundo, a la caza
de teclas de resaca.

Y si así diéramos las narices
en el absurdo,
nos cubriremos con el oro de no tener nada,
y empollaremos el ala aún no nacida
de la noche, hermana
de esta ala huérfana del día,
que a fuerza de ser una ya no es ala.

XLV

I am freed from the chains of the sea
when the tide reaches me.

Let's sail out forever. Let's taste
the stupendous song, the song spoken
by the longer lips of desire.
Oh prodigious virginity.
The saltless breeze passes.

From afar I take in the wind of the marrows,
hearing the profound score, as the surf
hunts for its keys.

And if we happen to meet suddenly
with the absurd,
we shall cover ourselves with the gold of owning nothing,
and hatch the still unborn wing
of the night, sister
to this orphaned wing of the day
whose strength is no longer a wing.

LXI

Esta noche desciendo del caballo,
ante la puerta de la casa, donde
me despedí con el cantar del gallo.
Está cerrada y nadie responde.

El poyo en que mamá alumbró
al hermano mayor, para que ensille
lomos que había yo montado en pelo,
por rúas y por cercas, niño aldeano;
el poyo en que dejé que se amarille al sol
mi adolorida infancia . . . ¿Y este duelo
que enmarca la portada?

Dios en la paz foránea,
estornuda, cual llamando también, el bruto;
husmea, golpeando el empedrado. Luego duda
relincha,
orejea a viva oreja.

Ha de velar papá rezando, y quizás
pensará se me hizo tarde.
Las hermanas, canturreando sus ilusiones
sencillas, bullosas,
en la labor para la fiesta que se acerca,
y ya no falta casi nada.
Espero, espero, el corazón
un huevo en su momento, que se obstruye.

Numerosa familia que dejamos
no ha mucho, hoy nadie en vela, y ni una cera
puso en el ara para que volviéramos.

LXI

I get down from the horse tonight,
at the door of the house, where
at cockcrow took my leave.
It's locked and nobody answers.

Stone bench on which mother gave birth to
my older brother, so that he might saddle up
loins I had ridden bareback through village
roads and past garden walls, a child of the village;
the bench on which I left behind me the sun
light of my painful childhood . . . And what of
this pain that frames the entrance?

A god in alien peace,
sneezing, like calling also, the brute,
sniff, striking the pavement. And then, hesitate
it neighs,
twitching its alert ears.

Father must be awake praying, and perhaps
with thoughts about my being out late.
My sisters who hum their illusions,
simple but noisy,
in their work for the oncoming feast,
and now almost nothing is wanting.
I wait, I wait, the heart
an egg that in its right moment obstructs itself.

Numerous family that we left recently,
they're still awake and not one candle set
on the altar for our homecoming.

Llamo de nuevo, y nada.
Callamos y nos ponemos a sollozar, y el animal
relincha, relincha más todavía.

Todos están durmiendo para siempre,
y tan de lo más bien, que por fin
mi caballo acaba fatigado por cabecear
a su vez, y entre sueños, a cada venia, dice
que está bien, que todo está muy bien.

I call again and nothing,
we shut up and we start to sob, and the animal
neighs, neighs more and more.

They are asleep forever,
they're so fine, that finally
my horse becomes weary when turning
his head, and in half sleep, in each greeting, says
that he's alright, that everything is alright.

LXIII

Amanece lloviendo. Bien peinada
la mañana chorrea el pelo fino.
Melancolía está amarrada;
y en mal asfaltado oxidente de muebles hindúes,
vira, se asienta apenas el destino

Cielos de puna descorazonada
por gran amor, los cielos de platino, torvos
de imposible.

Rumia la majada y se subraya
de un relincho andino.

Me acuerdo de mí mismo. Pero bastan
las astas del viento, los timones quietos hasta
hacerse uno,
y el grillo del tedio y el jiboso codo inquebrantable.

Basta la mañana de libres crinejas
de brea preciosa, serrana,
cuando salgo y busco las once
y no son más que las doce deshoras.

LXIII

It dawned raining. The well-combed
morning drips its fine hair.
Melancholy is moored;
and in badly tarred oxidant of hindú furniture,
destiny heaves about, barely able to keep its seat.

Flatland skies, disheartened
by great love, the platinum skies,
impossibly grim.

The sheepfold ruminates, underscored
by an Andean neighing.

I remember about myself. But masts of wind
are enough, rudders quiet until
they become one,
and the cricket of tedium and the gibbons unbreakable elbow.

Last of the mornings of freed long-haired poets
of precious pitch mountainous bucolic poems,
when I go out in search of the eleven
and it's nothing but an untimely twelve.

LXVI

Dobla el dos de Noviembre.

Estas sillas son buenas acojidas.

La rama del presentimiento
va, viene, sube, ondea sudorosa,
fatigada en esta sala.
Dobla triste el dos de Noviembre.

Difuntos, qué bajo cortan vuestros dientes
abolidos, repasando ciegos nervios,
sin recordar la dura fibra
que cantores obreros redondos remiendan
con cáñamo inacabable, de innumerables nudos
latientes de encrucijada.

Vosotros, difuntos, de las nítidas rodillas
puras a fuerza de entregaros,
cómo aserráis el otro corazón
con vuestras blancas coronas, ralas
de cordialidad. Sí. Vosotros, difuntos.

Dobla triste el dos de Noviembre.
Y la rama del presentimiento
se la muerde un carro que simplemente
rueda por la calle.

LXVI

November 2nd turns.

These chairs are a good place of refuge.

The bough of foreboding comes and goes,
rises and sweating, sways,
weary in this room.
November 2nd sadly turns.

Dead men, how deep your vanished teeth cut,
re-examining the blind exposed nerves,
jangling in the root of a tooth throbbing that needs to be pulled,
remindful of the tough fabric
that stout singing workers mend with unfinished hemp
of innumerable knots beating crossroads.

You, dead, with clear pure knees
from self surrender,
how you hack at another's heart
with your white crowns, sparing
of tenderness. Yes. You, the decayed.

November 2nd sadly turns.
And the bough of foreboding
is bitten by a cart that simply
rolls in the street.

LXXV

Estaís muertos.

Qué extraña manera de estarse muertos. Quienquiera diría
que no lo estáis. Pero en verdad, estaís muertos.

Flotáis nadamente detrás de aquesa membrana que,
péndula del zenit al nadir, viene y va de crepúsculo a crepúsculo,
vibrando ante la sonora caja de una herida
que a vosotros no os duele. Os digo, pues, que la vida
está en el espejo, y que vosotros sois el original, la
muerte.

Mientras la onda va, mientras la onda viene, cuán
impunemente se está uno muerto. Sólo cuando las aguas
se quebrantan en los bordes enfrentados y se doblan y
doblan, entonces os transfiguráis y creyendo morir, percibís
la sexta cuerda que ya no es vuestra.

Estáis muertos, no habiendo antes vivido jamás.
Quienquiera diría que, no siendo ahora, en otro tiempo
fuisteis. Pero en verdad, vosotros sois los cadáveres
de una vida que nunca fue. Triste destino el no haber
sido sino muertos siempre. El ser hoja seca sin haber
sido verde jamás. Orfandad de orfandades.

Y, sin embargo, los muertos no son, no pueden ser
cadáveres de una vida que todavía no han vivido. Ellos
murieron siempre de vida.

Estáis muertos.

LXXV

You are dead.

What a strange way to be dead. Anyone would say that you are not. But, truthfully, you are dead.

You float just behind an aqueous membrane, hanging from one zenith to the opposite, nothing, coming and going from twilight to dawn, vibrating before the cithern box of a wound that does not cause you pain. You say, well, that life passes in a mirror and that you are the original, you are the dead.

Meanwhile the waves go, meanwhile the wave comes, how is one dead without being punished. Only when the waters break on the beach, and they break again and again, then you lose form and believing you are dying, you perceive the sixth cord that now is not yours.

You are dead, without living before. Anyone would say that not being now, you were in another time. But, truthfully you are the skeleton of a life that never was. Sad destiny. You have never been anything but dead. Like being a dry leaf never having been green. Orphans of orphanages.

And, nevertheless, the dead are not, they cannot be skeletons of a life never lived. They always die of life.

You are dead.

The Peruvian poets, César Vallejo and Ernesto More. Paris, 1926

Photo: Juan Larrea Collection/Archives Malanga

from

Poemas En Prosa

1923/1924–1929

El buen sentido

Hay, madre, un sitio en el mundo, que se llama París. Un sitio muy grande y lejano y otra vez grande.

Mi madre me ajusta el cuello del abrigo, no porque empieza a nevar, sino para que empiece a nevar.

La mujer de mi padre está enamorada de mí, viniendo y avanzando de espaldas a mi nacimiento y de pecho a mi muerte. Que soy dos veces suyo: por el adiós y por el regreso. La cierro, al retornar. Por eso me dieran tánto sus ojos, justa de mí, in fraganti de mí, aconteciéndose por obras terminadas, por pactos consumados.

Mi madre está confesa de mí, nombrada de mí. ¿Cómo no da otro tanto a mis otros hermanos? A Víctor, por ejemplo, el mayor, que es tan viejo ya, que las gentes dicen: ¡Parece hermano menor de su madre! ¡Fuere porque yo he viajado mucho! ¡Fuere porque yo he vivido más!

Mi madre acuerda carta de principio colorante a mis relatos de regreso. Ante mi vida de regreso, recordando que viajé durante dos corazones por su vientre, se ruboriza y se queda mortalmente lívida, cuando digo, en el tratado del alma: Aquella noche fui dichoso. Pero, más se pone triste; más se pusiera triste.

—Hijo, ¡cómo estás viejo!

Y desfila por el color amarillo a llorar, porque me halla envejecido, en la hoja de espada, en la desembocadura de mi rostro. Llora de mí, se entristece de mí. ¿Qué falta hará mi mocedad, si siempre seré su hijo? ¿Por qué las madres se duelen de hallar envejecidos a sus hijos, si jamás la edad de ellos alcanzará a la de ellas? ¿Y por qué, si los hijos, cuanto más se acaban, más se aproximan a los padres? ¡Mi madre llora porque estoy viejo de mi tiempo y porque nunca llegaré a envejecer del suyo!

The Good Sense

There is, mother, a place in the world they call Paris. It's a huge place and far away and again very big.

My mother adjusts the collar of my coat, not because it will snow, but in order that it may start.

My father's wife is in love with me, pushing and advancing my shoulders when I was born and my breast when I die. I am hers twice: for the departure and the return. She encloses me at the return. For this her eyes give me so much, close to me, fragments of me, happening by works now finished, by consummate pacts.

My mother confesses to me, my namesake. Why does she not give so much to my other brothers? To Victor, for example, the oldest who is so old now, that people say: "He seems like he's his mother's youngest brother!" Perhaps it might be because I have traveled so much! It must be because I have lived so much more!

My mother remembers me the first letter relating the return. Before my life of return, remembering that I journeyed in two hearts through her womb, she blushed and was left mortally livid, when I said, in the treaty of the soul: that night was happy. But, she seems all the more sad. She might have become even sadder.

—Son, how old you seem!

And through the color yellow she walks firmly and cries because I seem old in her eyes, in the leaf of the sword, in the mouth of my face. She cries for me, she is sad for me. What difference will my youthfulness make if I will always be her son? Why do mothers feel much pain at having found their sons looking old, if the age of them will never equate or pass that of their mothers? And, why, if the sons the more they get on in their years moreover resemble their fathers? My mother cries because I am old in my time, and because I will never get old enough to be old in hers of my own accord!

Mi adiós partió de un punto de su ser, más externo que el punto de su ser al que retorno. Soy, a causa del excesivo plazo de mi vuelta, más el hombre ante mi madre que el hijo ante mi madre. Allí reside el candor que hoy nos alumbra con tres llamas. Le digo entonces hasta que me callo:

—Hay, madre, en el mundo un sitio que se llama París. Un sitio muy grande y muy lejano y otra vez grande.

La mujer de mi padre, al oírme, almuerza y sus ojos mortales descienden suavemente por mis brazos.

My goodbye took a part of her being, more external than that part of her being when I returned. I am, on account of the excessive time-limit of my return, more the man to my mother than the son to my mother. There resides the candor and purity that lights us both with three flames. Then I say to her until I fall silent:

—There is, mother, a place in the world that they call Paris. It's a huge place and far away and again very big.

The woman of my father, upon hearing me, continues eating her lunch and her mortal eyes travel down my arm slowly.

Lánguidamente su licor

Tendríamos ya una edad misericordiosa, cuando mi padre ordenó nuestro ingreso a la escuela. Cura de amor, una tarde lluviosa de febrero, mamá servía en la cocina el yantar de oración. En el corredor de abajo, estaban sentados a la mesa mi padre y mis hermanos mayores. Y mi madre iba sentada al pie del mismo fuego del hogar. Tocaron a la puerta.

—Tocan a la puerta!—mi madre.

—Tocan a la puerta!—mi propia madre.

—Tocan a la puerta!—dijo toda mi madre, tocándose las entrañas a trastes infinitos, sobre toda la altura de quien viene.

—Anda, Nativa, la hija, a ver quién viene.

Y, sin esperar la venia maternal, fuera Miguel, el hijo, quien salió a ver quién venia así, oponiéndose a lo ancho de nosotros.

Un tiempo de rúa contuvo a mi familia. Mamá salió, avanzando inversamente y como si hubiera dicho: las partes. Se hizo patio afuera. Nativa lloraba de una tal visita, de un tal patio y de la mano de mi madre. Entonces y cuando, dolor y paladar techaron nuestras frentes.

—Porque no le deje que saliese a la puerta,—Nativa, la hija—, me ha echado Miguel al pavo. A su pavo.

¡Qué diestra de subprefecto, la diestra del padre, revelando, el hombre, las falanjas filiales del niño! Podía así otorgarle las venturas que el hombre deseara más tarde. Sin embargo:

—Y mañana, a la escuela,—disertó magistralmente el padre, ante el público semanal de sus hijos.

Languidly Your Spirit

We had a pious age, when my father ordered our entrance into school. Priest of love, one rainy afternoon in February, mother served food of oration in the kitchen. In the corridor below, they were sitting at the table, my father and my older brothers. And my mother was seated near the same hearth-fire. They rang the bell.

—The doorbell is ringing!—my mother said.

—The doorbell is ringing!—my own mother said.

—The doorbell is ringing!—said all of my mother, touching her bowels to infinite rays, above all the heights of those who come.

—Walk, Nativa, daughter, to see who comes.

And without waiting the maternal permission, it was Miguel, the son, who went to see who came in this manner, placing himself in direct contradiction with us.

A time of roads held my family. Mother left, advancing inversely and as if she might have said: the parts. She made it to the patio outside. Nativa cried during one of those visits, of one of those patios and of the hand of my mother. Then, and when, pain and relish, they covered our fronts with a roof.

—Why did you not let her go to the door?—said Nativa, the daughter, —you've thrown Miguel to his duck.

What imperfect protection, the light hand of father revealing the man, the small bones befitting the child. He could give his consent to the adventure the man would want later on. Nevertheless:

—And tomorrow to school—argued father like a magistrate before the public of every week, his sons.

—Y tal, la ley, la causa de la ley. Y tal también la vida.

Mamá debió llorar, gimiendo a penas la madre. Ya nadie quiso comer. En los labios del padre cupo, para salir rompiéndose, una fina cuchara que conozco. En las fraternas bocas, la absorta amargura del hijo, quedó atravesada.

Mas, luego, de improviso, salió de un albañal de aguas llovedizas y de aquel mismo patio de la visita mala, una gallina, no ajena ni ponedora, sino brutal y negra. Cloqueaba en mi garganta. Fue una gallina vieja, maternalmente viuda de unos pollos que no llegaron a incubarse. Origen olvidado de ese instante, la gallina era viuda de sus hijos. Fueron hallados vacíos todos los huevos. La clueca después tuvo el verbo.

Nadie la espantó. Y de espantarla, nadie dejó arrullarse por su gran calofrío maternal.

—¿Dónde están los hijos de la gallina vieja?

—¿Dónde están los pollos de la gallina vieja?

¡Pobrecitos! ¡Dónde estarían!

—And such, the law, the reason of the law. And also the life.

Mother should have cried, she was scarcely grieving like a mother. Now no one wanted to eat. In the lips of father lips, to leave breaking, a fine spoon that I know. In the fraternal mouths, the amazing bitterness of the son was left totally finished.

Much later, unexpectedly, he left the sewer of rain and from the same patio of the bad visit, a hen, not abhorrent nor laying eggs, but brutal and black. In my throat there rose a cluck-cluck. It was old hen, maternally widowed from chickens that had not hatched. The hen, whose origins were forgotten, at this moment, was widowed from her children. All the eggs were found empty. Afterward the clucking had the verb.

No one scared her. And no one, because they were frightened stopped cooing for the great maternal indisposition.

—Where are the children of the old hen?

—Where are the chickens of the old hen?

Poor little ones! Where could they be!

El momento más grave de la vida

Un hombre dijo:

—El momento más grave de mi vida estuvo en la batalla del Marne cuando fui herido en el pecho.

Otro hombre dijo:

—El momento más grave de mi vida, ocurrió en un maremoto de Yokohama, del cual salvé milagrosamente, refugiado bajo el alero de una tienda de lacas.

Y otro hombre dijo:

—El momento más grave de mi vida acontece cuando duermo de día.

Y otro dijo:

—El momento más grave de mi vida ha estado en mi mayor soledad.

Y otro dijo:

—El momento más grave de mi vida fue mi prisión en una cárcel del Perú.

Y otro dijo:

—El momento más grave de mi vida es el haber sorprendido de perfil a mi padre.

Y el último hombre dijo:

—El momento más grave de mi vida no ha llegado todavía.

The Most Critical Moment of My Life

One man said:
—The most critical moment of my life was during the battle of the Marne, when I was wounded in the chest.

Another man said:
—The most critical moment of my life happened during a tidal wave in Yokohama, from which I saved myself, miraculously taking refuge under the eaves of a lacquer shop.

And another man said:
—The most critical moment of my life happens when I sleep by day.

And another said:
—The most critical moment of my life has been during my deepest solitude.

And another said.
—The most critical moment of my life was when I was in jail in Peru.

And another said:
—The most critical moment of my life was surprising my father's profile.

And the ultimate man said:
—The most critical moment of my life is yet to come.

Voy a hablar de la esperanza

Yo no sufro este dolor como César Vallejo. Yo no me duelo ahora como artista, como hombre ni como simple ser vivo siquiera. Yo no sufro este dolor como católico, como mahometano ni como ateo. Hoy sufro solamente. Si no me llamase César Vallejo, también sufriría este mismo dolor. Si no fuese artista, también lo sufriría. Si no fuese hombre ni ser vivo siquiera, también lo sufriría. Si no fuese católico, ateo ni mahometano, también lo sufriría. Hoy sufro desde más abajo. Hoy sufro solamente.

Me duelo ahora sin explicaciones. Mi dolor es tan hondo, que no tuvo ya causa ni carece de causa. ¿Qué sería su causa? ¿Dónde está aquello tan importante, que dejase de ser su causa? Nada es su causa; nada ha podido dejar de ser su causa. ¿A qué ha nacido este dolor, por sí mismo? Mi dolor es del viento del norte y del viento del sur, como esos huevos neutros que algunas aves raras ponen del viento. Si hubiera muerto mi novia, mi dolor sería igual. Si la vida fuese, en fin, de otro modo, mi dolor sería igual. Hoy sufro desde más arriba. Hoy sufro solamente.

Miro el dolor del hambriento y veo que su hambre anda tan lejos de mi sufrimiento, que de quedarme ayuno hasta morir, saldría siempre de mi tumba una brizna de yerba al menos. Lo mismo el enamorado. ¡Qué sangre la suya más engendrada, para la mía sin fuente ni consumo!

Yo creía hasta ahora que todas las cosas del universo eran, inevitablemente, padres o hijos. Pero he aquí que mi dolor de hoy no es padre ni es hijo. Le falta espalda para anochecer, tanto como le sobra pecho para amanecer y si lo pusiesen en la estancia oscura, no daría luz y si lo pusiesen en una estancia luminosa, no echaría sombra. Hoy sufro suceda lo que suceda. Hoy sufro solamente.

I Am Going to Speak about Hope

I do not suffer this pain as César Vallejo. I do not hurt now as an artist, as a man nor simply as a human being. I do not suffer this pain as a Catholic, or as a Mohammedan or an atheist. Today I am simply in pain. If I were not called César Vallejo, I would also suffer this same pain. Even if I were not a man not at least a human being I would also suffer it. Even if I were not Catholic, atheist, or Mohammedan I would still suffer. Today I suffer from the deepest depths. Today I am simply in pain.

Now I hurt without explanations. My pain is so much from the depths, now I don't have cause nor do I need cause. What could its cause have been? Where is that cause of such importance that it stopped being its cause? Nothing has been able to leave this cause from being. For what has this pain been born, for itself? My pain is of the wind of the north and the wind of the south, like these sexless eggs that sometimes rare birds conceive in the wind. If my love had died, my pain would still be the same. If they had cut the collar of my race, my pain would still be the same. If finally, life was another form, my pain would still be the same. Today I suffer from the heights. Today I am simply in pain.

I see the hungry man's pain and I see that his hunger walks so far from my suffering, to leave me fasting until death, it would always leave a fragment of grass from my tomb, at the very least. The same to the one in love. What engenders your blood for mine without source or end!

Until now I believed that all things of the universe, inevitably were fathers and sons. But here with my pain of today it is not father or son. My pain lacks courage to come out in the night, just as at dawn it is bold. If my pain lives in some dark house it would not give off light and if my pain lived in illumination, it would not cast a shadow. All I do today is suffer. Today I suffer happening what will happen. Today I am simply in pain.

Hallazgo de la vida

¡Señores! Hoy es la primera vez que me doy cuenta de la presencia de la vida. ¡Señores! Ruego a ustedes dejarme libre un momento, para saborear esta emoción formidable, espontánea y reciente de la vida, que hoy, por la primera vez, me extasía y me hace dichoso hasta las lágrimas.

Mi gozo viene de lo inédito de mi emoción. Mi exultación viene de que antes no sentí la presencia de la vida. No la he sentido nunca. Miente quien diga que la he sentido. Miente y su mentira me hiere a tal punto que me haría desgraciado. Mi gozo viene de mi fe en este hallazgo personal de la vida, y nadie puede ir contra esta fe. Al que fuera, se le caería la lengua, se le caerían los huesos y correría el peligro de recoger otros, ajenos, para mantenerse de pie ante mis ojos.

Nunca, sino ahora, ha habido vida. Nunca, sino ahora, han pasado gentes. Nunca, sino ahora, ha habido casas y avenidas, aire y horizonte. Si viniese ahora mi amigo Peyriet, les diría que yo no le conozco y que debemos empezar de nuevo. ¿Cuándo, en efecto, le he conocido a mi amigo Peyriet? Hoy sería la primera vez que nos conocemos. Le diría que se vaya y regrese y entre a verme, como si no me conociera, es decir, por la primera vez.

Ahora yo no conozco a nadie ni nada. Me advierto en un país extraño, en el que todo cobra relieve de nacimiento, luz de epifanía inmarcesible. No, señor. No hable usted a ese caballero. Usted no lo conoce y le sorprendería tan inopinada parla. No ponga usted el pie sobre esa piedrecilla: quién sabe no es piedra y vaya usted a dar en el vacío. Sea usted precavido, puesto que estamos en un mundo absolutamente inconocido.

¡Cuán poco tiempo he vivido! Mi nacimiento es tan reciente, que no hay unidad de medida para contar mi edad. ¡Si acabo de nacer! ¡Si aún no he vivido todavía! Señores: soy tan pequeñito, que el día apenas cabe en mí!

Discovery of Life

Sirs! Today is the first day I realized the presence of life. Sirs! I request you to let me be free for a moment in order to savor this formidable emotion, spontaneous and fresh with life, that today, for the first time, I am in ecstasy it makes me so happy I cry.

My pleasure comes from my virgin emotion. My explanation comes as before. I did not feel the presence of life. I had never felt it. He who says that he has is lying. He lies and his lie wounds me to such a great degree that I become miserable. My pleasure comes from my faith in this personal encounter of life and no one is able to go against this faith. If this should happen, his tongue should fail, his bones should fail, and he should run the danger of catching others, in order to maintain oneself in front of my eyes.

I have never had life until now. People have never passed until now. There have never been houses nor avenues, air nor horizons, until now. If come now my friend, Peyriet, I should say that I do not know him and that we ought to begin anew. When, in effect, have I known my friend Peyriet? Today should be the first time that we know each other. I should say to him that he should go and return and enter again, seeing me as if he does not know me, that is to say, for the first time.

Now I do not know anyone not anyone. I am acquainted with a strange country, that relieves the birth, light of unwithering epiphany. No, sir. Do not talk to that man. You do not know him and it will surprise you to hear such unbiased gossip. Do not stand up on this little stone, it may not be a stone and may go flowing into the abyss. Be cautious, we are placed in an absolutely unknown world.

How little time I have lived! My birth is so recent that there's not enough size to count my age. If I've just born! If, I have not lived yet! Sirs: I am so tiny that scarcely a day is in me.

Nunca, sino ahora, oí el estruendo de los carros, que cargan piedras para una gran construcción del boulevard Haussmann. Nunca, sino ahora avancé paralelamente a la primavera, diciéndola: «Si la muerte hubiera sido otra . . . ». Nunca, sino ahora, vi la luz áurea del sol sobre las cúpulas de Sacre-Coeur. Nunca, sino ahora, se me acercó un niño y me miró hondamente con su boca. Nunca, sino ahora, supe que existía una puerta, otra puerta y el canto cordial de las distancias.

¡Dejadme! La vida me ha dado ahora en toda mi muerte.

Not until now, did I hear the clamor of wagons, carryings stones for the great construction of the Boulevard Haussmann. Not until now, did I advance alongside the spring, saying to it, “If death have been something else . . . ” Not until now, I did see the aurora of light of the sun on the domes of the Sacre-Coeur. Not until now, has a child approached me and looked at me deeply with his mouth. Not until now I knew there existed a door, another door and the cordial song of the distances.

Leave me! Now life has given to me in all my death.

Nómina de huesos

Se pedía a grandes voces:

—Que muestre las dos manos a la vez.
Y esto no fue posible.

—Que, mientras llora, le tomen la medida de sus pasos.
Y esto no fue posible.

—Que piense un pensamiento idéntico, en el tiempo en que un cero permanece inútil.
Y esto no fue posible.

—Que haga una locura.
Y esto no fue posible.

—Que entre él y otro hombre semejante a él, se interponga una muchedumbre de hombres como él.
Y esto no fue posible.

—Que le comparen consigo mismo.
Y esto no fue posible.

—Que le llamen, en fin, por su nombre.
Y esto no fue posible.

Payroll of Bones

In a loud voice they demanded:

—He shows by force both his hands at once.
And this was not possible.

—Let them measure his steps while he weeps.
And this was not possible.

—Let him think thoughts simultaneous, in the time a zero remains useless.
And this was not possible.

—Let them act crazy.
And this was not possible.

—Let between him and another man similar to him a crowd of men like himself intercede.
And this was not possible.

—Let them compare him with himself.
And this was not possible.

—Let them, finally, call him by his name.
And this was not possible.

He aquí que hoy saludo

He aquí que hoy saludo, me pongo el cuello y vivo,
superficial de pasos insondable de plantas.
Tal me recibo de hombre, tal más bien me despido
y de cada hora mía retoña una distancia.

¿Queréis más? encantado.
Políticamente, mi palabra
emite cargos contra mi labio inferior
y económicamente,
cuando doy la espalda a Oriente,
distingo en dignidad de muerte a mis visitas.

Desde totales códigos regulares saludo
al soldado desconocido
al verso perseguido por la tinta fatal
y al saurio que Equidista diariamente
de su vida y su muerte,
como quien no hace la cosa.

El tiempo tiene un miedo ciempiés a los relojes.

(Los lectores pueden poner el título que quieran a este poema)

Behold I Greet Today

Behold I greet today, I put on my collar and live,
superficial of fathomless steps from plants.
Such things I receive from man, rather such things leave me
from every hour of mine sprouts a distance.

What more do you want? Charmed.
Politically, my words
declare accusation through my lower lip
and economically,
when I turn back on the Orient.
I distinguish in the dignity of death for my visits.

I greet the unknown soldier with
the required normal laws,
the persecuted verse with dead ink
and the lizards which are in the same place every day
of their life and their death,
like those who do not do anything.

The time has a centipede fear of watches.

(Readers may title this poem whatever they wish)

Lomo de las sagradas escrituras

Sin haberlo advertido jamás, exceso por turismo
y sin agencias
de pecho en pecho hacia la madre unánime.

Hasta París ahora vengo a ser hijo. Escucha,
Hombre, en verdad te digo que eres el Hijo Eterno,
pues para ser hermano tus brazos son escasamente iguales
y tu malicia para ser padre, es mucha.

La talla de mi madre moviéndome por índole de movimiento,
y poniéndome serio, me llega exactamente al corazón:
pesando cuanto cayera de vuelo con mis tristes abuelos,
mi madre me oye en diámetro callándose en altura.

Mi metro está midiendo ya dos metros,
mis huesos concuerdan en género y en número
y el verbo encarnado habita entre nosotros
y el verbo encarnado habita, al hundirme en el baño,
un alto grado de perfección.

octubre 1926

Loin of the Sacred Scriptures

Without ever having noticed excessive tourism
and without agencies
breast to breast toward the unanimous mother.

Now I come from Paris to be a son. Listen,
man, truthfully, I say you are the Eternal Son,
in order to be a brother your arms are hardly equal
and you have a great deal of malice as a father.

My mother's figure moving me by the emotion in her movement
and making me serious, hits me right in the heart:
thinking how often she has fallen from flight with my sad grandparents,
my mother, from the other side of the circle, silences herself in the sky.

My meter now measures two meters,
my bones generally in agreement and number
and the verb incarnate is living among us,
and the verb incarnate is living while I'm sinking in the bath,
a high degree of perfection.

October 1926

César Vallejo celebrating Christmas next to Henriette Maisse and Carlos More. Paris, 1926

Photo: Juan Larrea Collection/Archives Malanga

from

Poemas Humanos

The Undated Poems 1923(?)–1937

Sombrero, abrigo, guantes

Enfrente a la Comedia Francesa, está el Café
de la Regencia; en él hay una pieza
recóndita, con una butaca y una mesa.
Cuando entro, el polvo inmóvil se ha puesto ya de pie.

Entre mis labios hechos de jebe, la pavesa
de un cigarrillo humea, y en el humo se ve
dos humos intensivos, el tórax del Café,
y en el tórax, un óxido profundo de tristeza.

Importa que el otoño se injerte en los otoños,
importa que el otoño se integre de retoños,
la nube, de semestres; de pómulos, la arruga.

Importa oler a loco postulando
¡qué cálida es la nieve, qué fugaz la tortuga,
el cómo qué sencillo, qué fulminante el cuánto!

Hat, Overcoat, Gloves

In front of the Comédie-Française is the Regency Café
in it there is a secret
room, with an armchair and table.
The dusts stands motionless and covers my shoes when I enter.

Between my wet lips, the embers of the cigarette
smolder, and in the smoke one is able to see
two intense smokes, the thorax of the Café,
and in the thorax, a profound oxide of sadness.

It's important that autumn be grafted to autumn,
it's important that autumn be integrated of sprouts,
the cloud of six months; of the prominent cheekbones, the wrinkle.

Important also to smell the crazy postulating
how warm the snow is, how quick the tortoise,
how simple the how, how thundering the when!

La rueda del hambriento

Por entre mis propios dientes salgo humeando,
dando voces, pujando,
bajándome los pantalones . . .
Váca mi estómago, váca mi yeyuno,
la miseria me saca por entre mis propios dientes,
cogido con un palito por el puño de la camisa.

Una piedra en que sentarme
¿no habrá ahora para mí?
Aún aquella piedra en que tropieza la mujer que ha dado a luz,
la madre del cordero, la causa, la raíz,
¿ésa no habrá ahora para mí?
¡Siquiera aquella otra,
que ha pasado agachándose por mi alma!
Siquiera
la calcárida o la mala (humilde océano)
o la que ya no sirve ni para ser tirada contra el hombre
ésa dádmela ahora para mí!

Siquiera la que hallaren atravesada y sola en un insulto,
ésa dádmela ahora para mí!
Siquiera la torcida y coronada, en que resuena
solamente una vez el andar de las rectas conciencias,
o, al menos, esa otra, que arrojada en digna curva,
va a caer por sí misma,
en profesión de entraña verdadera,
¡ésa dádmela ahora para mí!

Un pedazo de pan, tampoco habrá para mí?
Ya no más he de ser lo que siempre he de ser,
pero dadme
una piedra en que sentarme,

The Wheel of the Starving

I come out steaming from between my own teeth,
screaming, moaning
pulling my pants down . . .
My stomach and my blood and guts despicably,
the misery plucks me from between my own teeth,
picked up with a toothpick by my own shirt cuff.

Isn't there for me
a bench to sit on?
Not even that bench on which the new mother stumbles to sit,
mother of the lamb, the cause, the root?
Is that one ready for me now?
The one which stumbled looming through my soul!
At least
the chalky or evil one (sea of humility),
or the one with no more use, not even to be thrown
against a man,
let me just have that one now.

At least the one that can be found alone and pierced in an insult,
let me just have that one now.
At least the crowned and twisted one, in which but once
the echo of the walk of a righteous conscience,
or at least that other one, tossed in a noble curve,
which drops by itself,
showing essence of its innards,
let me just have that one now.

Is there not one piece of bread for me either?
I shall no longer be what I must always be,
but give me
a stone to sit on,

pero dadme,
por favor, un pedazo de pan en que sentarme,
pero dadme
en español
algo, en fin, de beber, de comer, de vivir, de reposarse
y después me iré . . .
Halló una extraña forma, está muy rota
y sucia mi camisa
y ya no tengo nada, esto es horrendo.

but give me,
please, a piece of bread to sit on,
but give me,
in simple words,
something, at least, to drink, to eat, to live, to rest upon,
then I will leave . . .
It found a weird shape, my shirt is shattered
and grimy
and I have nothing, this is frightful.

Epístola a los transeúntes

Reanudo mi día de conejo
mi noche de elefante en descanso.

Y, entre mi, digo:
ésta es mi inmensidad en bruto, a cántaros
éste es mi grato peso,
que me buscará abajo para pájaro;
éste es mi brazo
que por su cuenta rehusó ser ala,
éstas son mis sagradas escrituras,
éstos mis alarmados campeñones.

Lúgubre isla me alumbrará continental,
mientras el capitolio se apoye en mi íntimo derrumbe
y la asamblea en lanzas clausure mi desfile.

Pero cuando yo muera
de vida y no de tiempo,
cuando lleguen a dos mis dos maletas,
éste ha de ser mi estómago en que cupo mi lámpara en pedazos,
ésta aquella cabeza que expió los tormentos del círculo en mis pasos,
éstos esos gusanos que el corazón contó por unidades,
éste ha de ser mi cuerpo solidario
por el que vela el alma individual; éste ha de ser
mi ombligo en que maté mis piojos natos,
ésta mi cosa cosa, mi cosa tremebunda.

En tanto, convulsiva, ásperamente
convalece mi freno,
sufriendo como sufro del lenguaje directo del león;
y, puesto que he existido entre dos potestades de ladrillo,
convalezco yo mismo, sonriendo de mis labios.

Epistle to Passersby

I start my rabbit day again,
my night of elephant ease.

And I say to myself,
this is my raw immensity, wholesale,
this is the pleasant weight which sought a bird in me below,
this is my arm,
that on its own refused to be a wing,
these are my sacred scriptures,
these my frightened testes.

A gloomy isle will light me like a continent,
while the capitol rests on my intimate collapse
and like lancers the assembly hems in my parade.

But when I die,
from life and not from time,
when my two valises reach the count of two,
this shall be my stomach, where my shattered lamp once fit,
this that head atoning for the torment of my footsteps' circle,
these those worms the heart had counted one by one,
this shall be my body jointly liable
with the one on whom the single soul keeps watch; this shall be
my navel, where I killed my natural born lice,
this my thing thing, my fearsome thing.

Meanwhile, convulsive, harsh,
convalescing my bridle,
suffering as I suffer from the lion's direct speech;
and since I have existed between two brick-wall powers,
I too grow strong again, with smiling lips.

Quisiera hoy ser feliz de buena gana

Quisiera hoy ser feliz de buena gana,
ser feliz y portarme frondoso de preguntas,
abrir por temperamento de par en par mi cuarto, como loco,
y reclamar, en fin,
en mi confianza física acostado,
sólo por ver si quieren,
sólo por ver si quieren probar de mi espontánea posición,
reclamar, voy diciendo,
por qué me dan así tánto en el alma.

Pues quisiera en sustancia ser dichoso,
obrar sin bastón, laica humildad, ni burro negro.
Así las sensaciones de este mundo,
los cantos subjuntivos,
el lápiz que perdí en mi cavidad
y mis amados órganos de llanto.

Hermano persuasible, camarada,
padre por la grandeza, hijo mortal,
amigo y contendor, inmenso documento de Darwin:
¿a qué hora, pues, vendrán con mi retrato?
¿A los goces? ¿Acaso sobre goce amortajado?
¿Más temprano? ¿Quién sabe, a las porfías?

A las misericordias, camarada,
hombre mío en rechazo y observación, vecino
en cuyo cuello enorme sube y baja,
al natural, sin hilo, mi esperanza . . .

Today I'd Really Like to Be Happy

Today I'd really like to be happy,
to be happy, my whole being burst into questions,
to throw open wildly the doors to the rooms of my flat, like a madman,
the self confidence of my physical trust laid bare,
only to see if anyone cares,
only to see if anyone is taking note of my spontaneous position,
to demand, I'm saying
why people inflict so much pain on my soul.

For I'd like, in substance, to be blissful,
to work without cane, a laic humility, without a black donkey.
To sense the sensation of the world,
the subjunctive songs,
the pencil that I lost in my cavity
and my beloved organs all crying.

Persuadable brother, comrade,
father through grandeur, mortal son,
friend and contender, immense document of Darwin:
at what hour will they come with my likeness?
Will they come with joy on their faces? With shrouded enjoyment?
Earlier than expected? Who knows, by what hassle?

At the mercy, comrade,
this man of mine in rejection and in observation, neighbor
in whose enormous neck seesaws
naturally, without wire, my hope . . .

Considerando en frío, imparcialmente

Considerando en frío, imparcialmente,
que el hombre es triste, tose y, sin embargo,
se complace en su pecho colorado;
que lo único que hace es componerse
de días;
que es lóbrego mamífero y se peina . . .

Considerando
que el hombre procede suavemente del trabajo
y repercute jefe, suena subordinado;
que el diagrama del tiempo
es constante diorama en sus medallas
y, a medio abrir, sus ojos estudiaron,
desde lejanos tiempos,
su fórmula famélica de masa . . .

Comprendiendo sin esfuerzo
que el hombre se queda, a veces, pensando,
como queriendo llorar,
y, sujeto a tenderse como objeto,
se hace buen carpintero, suda, mata
y luego canta, almuerza, se abotona . . .

Considerando también
que el hombre es en verdad un animal
y, no obstante, al voltear, me da con su tristeza en la cabeza . . .

Examinando, en fin,
sus encontradas piezas, su retrete,
su desesperación, al terminar su día atroz, borrándolo . . .

Comprendiendo
que él sabe que le quiero,
que le odio con afecto y me es, en suma, indiferente . . .

Considering Coldly, Impartially

Considering coldly, impartially,
that man suffers, coughs and, however
self-gratified he is with his reddened chest;
that the only thing he can do is compose himself
with days,
that he's really this gloomy mammal slightly imperfect . . .

Considering
that a man proceeds softly from his work
having told the boss, a worker's insubordinate dream;
that the diagram of time
remains a constant diorama with medals
and that his half-open eyes study,
from distant hours,
his famished formula for a workers' coalition . . .

Understanding easily enough
that the man, at times, thinking
of his tears behind sore, burning eyes,
and, allowing to set himself as an object,
becomes a good carpenter, sweats, kills,
and then sings, breakfasts, plunges into his coat . . .

Considering too
that man is, in truth, animal
and, notwithstanding, turns, hitting me on the head with his sadness . . .

Examining, finally,
his opposed pieces, his toilet,
his desperation at the end of his atrocious day and rubbing it out . . .

Understanding
that he knows I love him,
and that I hating him with the same love is, in sum, indifference . . .

Considerando sus documentos generales
y mirando con lentes aquel certificado
que prueba que nació muy pequeñito . . .

le hago una seña,
viene,
y le doy un abrazo, emocionado.
¡Qué más da! Emocionado . . . Emocionado . . .

Considering his general documents,
studying with glasses that certificate
that proves he was born very, very small . . .

I signal to him,
he comes,
and I embrace him, moved.
What more can I give! Moved . . . Moved . . .

¡Y si después de tantas palabras!

¡Y si después de tantas palabras,
no sobrevive la palabra!
¡Si después de las alas de los pájaros,
no sobrevive el pájaro parado!
¡Más valdría, en verdad,
que se lo coman todo y acabemos!

¡Haber nacido para vivir de nuestra muerte!
¡Levantarse del cielo hacia la tierra
por sus propios desastres
y espiar el momento de apagar con su sombra su tiniebla!
¡Más valdría, francamente,
que se lo coman todo y qué más da . . . !

¡Y si después de tanta historia, sucumbimos,
no ya de eternidad,
sino de esas cosas sencillas, como estar
en la casa o ponerse a cavilar!
¡Y si luego encontramos,
de buenas a primeras, que vivimos,
a juzgar por la altura de los astros,
por el peine y las manchas del pañuelo!
¡Más valdría, en verdad,
que se lo coman todo, desde luego!

Se dirá que tenemos
en uno de los ojos mucha pena
y también en el otro, mucha pena
y en los dos, cuando miran, mucha pena . . .
Entonces . . . ¡Claro! . . . Entonces . . . ¡ni palabra!

And If after So Many Words

And if after so many words,
the word itself doesn't survive!
If after the wings of the birds,
the motionless birds do not survive!
Truthfully, it would be of more value
that they eat all and we be finished!

To have been born to live our death!
Rising from the sky toward the earth
from your own disaster
and spy the moment the darkness that turns out the shade!
It would be better, frankly,
if it were all swallowed up, and that's that! . . .

And if after so much history, we succumb,
not of eternity,
but of those simple things, like being
at home or finding fault with yourself!
And if, suddenly, we discover that we live
judging by the height of the motionless stars
by the comb and the spots on the handkerchief!
Truthfully, it would be of more value
that they eat all, of course!

It will be said that in one
of our eyes we have a great deal of pain
and likewise in the other, the same pain
and in the two, when they see, a great deal of pain . . .
Then! . . . Obviously! . . . Then . . . not a word!

París, Octubre 1936

De todo esto yo soy el único que parte.
De este banco me voy, de mis calzones,
de mi gran situación, de mis acciones,
de mi número hendido parte a parte,
de todo esto yo soy el único que parte.

De los Campos Elíseos o al dar vuelta
la extraña callejuela de la Luna,
mi defunción se va, parte mi cuna,
y, rodeada de gente, sola, suelta,
mi semejanza humana dase vuelta
y despacha sus sombras una a una.

Y me alejo de todo, porque todo
se queda para hacer la coartada:
mi zapato, su ojal, también su lodo
y hasta el doblez del codo
de mi propia camisa abotonada.

Paris, October 1936

Of all this I am the only one who's leaving.
I am getting up from this bench, of my trousers,
of my grand situation, of my actions,
from my house number shattered to pieces,
of all this, and I'm the only one who's leaving.

From the Champs-Élysées or while taking a turn
in a strange narrow passage of the Moon,
my own death is leaving, and my bed taking leave of the room,
and, surrounded by people, solitary, free,
my human likeness
turns back and dispatches its shadows one by one.

And I walk away from everything, because everything
will remain behind as evidence:
my shoe, its worn buttonholes, also its mud
and even the crease of the elbow
of my own buttoned shirt.

Piedra negra sobre una piedra blanca

Me moriré en París con aguacero,
un día del cual tengo ya el recuerdo.
Me moriré en París ¿y no me corro?
tal vez un jueves, como es hoy, de otoño.

Jueves será, porque hoy, jueves, que proso
estos versos, los húmeros me he puesto
a la mala y, jamás como hoy, me he vuelto,
con todo mi camino, a verme solo.

César Vallejo ha muerto, le pegaban
todos sin que él les haga nada;
le daban duro con un palo y duro

también con una soga; son testigos
los días jueves y los huesos húmeros,
la soledad, la lluvia, los caminos . . .

Black Stone on a White Stone*

I shall die in Paris, in a rainstorm,
a day I already possess the memory.
I shall die in Paris—and I don't run away—
perhaps on a Thursday, like today, in autumn.

It's got to be Thursday, because today, Thursday, I'm writing
these verses and I've hurt the humerus bone
and never like today, have I turned
in the direction to where I am alone.

César Vallejo is dead, they beat him,
all of them, and for nothing.
they hit him hard with sticks and whipped hard
with a rope; witnesses are
the Thursdays and the humerus bones
the loneliness, the rain, and the long empty roads . . .

**In Santiago de Chuco, the homeland of César Vallejo, they put a black stone above a white stone to show a burial.*

Hoy me gusta la vida mucho menos

Hoy me gusta la vida mucho menos,
pero siempre me gusta vivir: ya lo decía.
Casi toqué la parte de mi todo y me contuve
con un tiro en la lengua detrás de mi palabra.

Hoy me palpo el mentón en retirada
y en estos momentáneos pantalones yo me digo:
¡Tánta vida y jamás!
¡Tántos años y siempre mis semanas! . . .
Mis padres enterrados con su piedra
y su triste estirón que no ha acabado;
de cuerpo entero hermanos, mis hermanos,
y, en fin, mi ser parado y en chaleco.

Me gusta la vida enormemente
pero, desde luego,
con mi muerte querida y mi café
y viendo los castaños frondosos de París
y diciendo:
Es un ojo éste, aquél; una frente ésta, aquélla . . . Y repitiendo:
¡Tánta vida y jamás me falla la tonada!
¡Tántos años y siempre, siempre, siempre!

Dije chaleco, dije
todo, parte, ansia, dije casi, por no llorar.
Que es verdad que sufrí en aquel hospital que queda al lado
y está bien y está mal haber mirado
de abajo para arriba mi organismo.

Me gustará vivir siempre, así fuese de barriga,
porque, como iba diciendo y lo repito,
¡tánta vida y jamás! ¡Y tántos años,
y siempre, mucho siempre, siempre, siempre!

Today I Like Life Much Less

Today I like life much less
but I still enjoy being alive: there, I said it.
I almost touched part of my whole and restrained myself
with a shot on the tongue behind my word.

Today I touch my chin in retreat
and in these momentary trousers I say to myself:
So much life and never!
So many years and always my weeks! . . .
My parents interred with their stone
and their sad rapid growth unachieved;
my brothers and sisters, present with me always,
and finally, my being erect with a vest.

I like life enormously,
but, of course,
with my beloved death and my coffee
and seeing the leafy chestnuts of Paris
and saying:
This is an eye, that; and this one, a forehead, that . . . And repeating:
So much life and my song never falters!
So many years and always, always, always!

I said vest, said
whole part, anguish, said almost in order not to weep.
For it's true that I suffered in that hospital over there
and it's good and it's bad to have seen
from bottom to top my organism.

I would like to live always, if I could have a strong belly,
because, as I was saying, and I'll repeat it again,
so much life and never! And so many years,
and always, much always, always, always!

César Vallejo in the forest of Fontainebleau.
Near Paris, 1926

Photo: Juan Larrea Collection/Archives Malanga

from

Poemas Humanos

The Dated Poems, 4 September–8 December, 1937

Un pilar soportando consuelos

Un pilar soportando consuelos,
pilar otro,
pilar en duplicado, pilaroso
y como nieto de una puerta oscura.
Ruido perdido, el uno, oyendo, al borde del cansancio;
bebiendo, el otro, dos a dos, con asas.

¿Ignoro acaso el año de este día,
el odio de este amor, las tablas de esta frente?
¿Ignoro que esta tarde cuesta días?
¿Ignoro que jamás se dice «nunca», de rodillas?

Los pilares que vi me están oyendo;
otros pilares son, doses y nietos tristes de mi pierna.
¡Lo digo en cobre americano,
que le debe a la plata tánto fuego!

Consolado en terceras nupcias,
pálido, nacido,
voy a cerrar mi pila bautismal, esta vidriera,
este susto con tetas,
este dedo en capilla,
corazónmente unido a mi esqueleto.

6 setiembre 1937

A Pillar Tolerating Solaces

A pillar tolerating solaces,
another pillar,
duplicate pillars, pillar-like
and like a grandchild of a dark door.
Lost noise, the only one, listening, on the edge of the exhaustion;
drinking, the other, two by two, with double handles.

Perhaps, do I ignore the year of this day,
the hate of this love, the tablets of this forehead?
Do you ignore that this afternoon costs days?
Do you ignore that you should never say "never" on your knees?

The pillars I see are listening to me;
so are other pillars, deuces and sad grandchildren of my leg.
I say it in American currency,
that owes so much fire to the silver!

Consoled in third nuptials,
pale, born,
I am going to close my baptismal chest, this window shop,
this fear with breasts,
this finger in penitence,
heart and mind united to my skeleton.

6 September 1937

Poema para ser leído y cantado

Sé que hay una persona
que me busca en su mano, día y noche,
encontrándome, a cada minuto, en su calzado.
¿Ignora que la noche está enterrada
con espuelas detrás de la cocina?

Sé que hay una persona compuesta de mis partes,
a la que integro cuando va mi talle
cabalgando en su exacta piedrecilla.
¿Ignora que a su cofre
no volverá moneda que salió con su retrato?

Sé el día,
pero el sol se me ha escapado;
sé el acto universal que hizo en su cama
con ajeno valor y esa agua tibia, cuya
superficial frecuencia es una mina.
¿Tan pequeña es, acaso, esa persona,
que hasta sus propios pies así la pisan?

Un gato es el lindero entre ella y yo,
al lado mismo de su tasa de agua.
La veo en las esquinas, se abre y cierra
su veste, antes palmera interrogante . . .
¿Qué podrá hacer sino cambiar de llanto?

Pero me busca y busca. ¡Es una historia!

7 setiembre 1937

Poem to Be Read and Sung

I know there's a person
looking for me day and night inside her hand,
and encountering me, each minute, in her shoes.
Does she ignore that the night is buried
with spurs in back of the kitchen?

I know there's a person composed of my parts
whom I complete when my size fits
riding on its exact little stone.
Doesn't she know that the money spent
on her portrait will never turn up in her trunk?

I know the day,
but the sun has escaped me;
I know the universal act she performed in her bed
with a courage not of her own and warm water, whose
superficial frequency is mine.
Is her being so small
that even her own feet would trample upon her?

A cat is the border between us,
right there beside its bowl of water.
I see her on the corner, her jacket
opens and closes, in the shape of the questioning palm trees . . .
What can she do but change weeping?

But she looks and looks for me. What a tale!

7 September 1937

Al cavilar en la vida, al cavilar

Al cavilar en la vida, al cavilar
despacio en el esfuerzo del torrente,
alivia, ofrece asiento el existir,
condena a muerte;
envuelto en trapos blancos cae,
cae planetariamente
el clavo hervido en pesadumbre; cae!
(Acritud oficial, la de mi izquierda;
viejo bolsillo, en sí considerada, esta derecha.)

¡Todo está alegre, menos mi alegría
y todo, largo, menos mi candor,
mi incertidumbre!
A juzgar por la forma, no obstante, voy de frente,
cojeando antiguamente,
y olvido por mis lágrimas mis ojos (Muy interesante)
y subo hasta mis pies desde mi estrella.

Tejo; de haber hilado, héme tejiendo.
Busco lo que me sigue y se me esconde entre arzobispos,
por debajo de mi alma y tras del humo de mi aliento.
Tal era la sensual desolación
de la cabra doncella que ascendía,
exhalando petróleos fatídicos,
ayer domingo en que perdí mi sábado.

Tal es la muerte, con su audaz marido.

7 setiembre 1937

While Pondering in Life, While Pondering

While pondering in life, while pondering
slowly with the strength of the torrent,
it relieves, just for existing it offers a seat,
it condemns death;
wrapped in white shrouds, falls,
falls planetarily
the nail swarming with grief, falls!
(Official acrimony, that of my left,
old pocket, in itself this right considered.)

Everything is joyful, without my joy
and everything free, without my candor,
my uncertainty!
Judging by the form, nevertheless, I go ahead,
limping anciently,
and my eyes forgotten because of my tears (Very interesting)
I climb to my feet from my star.

I weave, having sewn, here I am sewing.
I look for what follows me and hides from me between archbishops,
beneath my soul and behind the smoke of my breath.
Such was the sensual desolation
of the ascending maiden goat,
exhaling fateful oils
yesterday Sunday when I lost my Saturday.

Such is death, with its fearless husband.

7 September 1937

¡Oh botella sin vino!

¡Oh botella sin vino! ¡Oh vino que enviudó de esta botella!
Tarde cuando la aurora de la tarde
flameó funestamente en cinco espíritus.
Viudez sin pan ni mugre, rematando en horrendos metaloides
y en células orales acabando.

¡Oh siempre, nunca dar con el jamás de tánto siempre!
¡oh mis buenos amigos, cruel falacia,
parcial, penetrativa en nuestro trunco,
volátil, jugarino desconsuelo!

¡Sublime, baja perfección del cerdo,
palpa mi general melancolía!
¡Zuela sonante en sueños,
zuela
zafia, inferior, vendida, lícita, ladrona,
baja y palpa lo que eran mis ideas!

Tú y él y ellos y todos,
sin embargo,
entraron a la vez en mi camisa,
en los hombros madera, entre los fémures, palillos;
tú particularmente,
habiéndome influido;
él, fútil, colorado, con dinero
y ellos, zánganos de ala de otro peso.

¡Oh botella sin vino! ¡oh vino que enviudó de esta botella!

16 setiembre 1937

Oh Bottle without Wine!

Oh bottle without wine! Oh widowed wine of this bottle!
Late afternoon when the aurora of dusk
flutters forebodingly in five spirits.
Widowhood without bread nor grime, topping in horrendous metals,
and finishing our oral cells.

Oh always, never to give with the never of so much always!
Oh my good friends, cruel fallacy,
partial, penetrating our cut-short
volatile, playful-like grief!

Sublime, low perfection of the pig,
touches my overall melancholy!
zuela* sounding in dreams,
zuela
boorish, inferior, duped, lawful, thief
lowers and touches those ideas that were mine!

You and he and they and everyone,
nevertheless,
enter into my shirt all at once,
in the wooden shoulders, between the thighbones, toothpicks;
you particularly
having influenced me;
he, futile, colored, with money
and they, bee wings of some other importance.

Oh bottle without wine! Oh widowed wine of this bottle!

16 September 1937

**Zuela is a carpenter tool used for scabble. It is built with an iron plate steely and sharp.*

Va corriendo, andando, huyendo

Va corriendo, andando, huyendo
de sus pies . . .
Va con dos nubes en su nube,
sentado apócrifo, en la mano insertos
sus tristes paras, sus entonces fúnebres.

Corre de todo, andando
entre protestas incoloras; huye
subiendo, huye
bajando, huye
a paso de sotana, huye
alzando al mal en brazos,
huye
directamente a sollozar a solas.

Adonde vaya,
lejos de sus fragosos, cáusticos talones,
lejos del aire, lejos de su viaje,
a fin de huir, huir y huir y huir
de sus pies —hombre en dos pies, parado
de tánto huir— habrá sed de correr.
¡Y ni el árbol, si endosa hierro de oro!
¡Y ni el hierro, si cubre su hojarasca!
Nada, sino sus pies,
nada sino su breve calofrío,
sus paras vivos, sus entonces vivos . . .

18 setiembre 1937

He Goes Running, Walking, Fleeing

He goes running, walking, fleeing
from his feet . . .
He goes with two clouds in his cloud
sitting uncertainly, nailed in the hand
his sad "for," his funeral "then."

He runs from all, walking
between colorless protests; he flees
rising, he flees
falling, he flees
by measured of the underground cellar, he flees
raising in his arms the evil,
he flees
directly to sob alone.

Where may he be going,
far from his brambles, caustic talons,
far from the air, far from his journey,
at last to flee, flee, and flee, and flee
from his feet—man of two feet, stops
from all this fleeing—he must be thirsty from running.

And not even the tree, if he endorses iron of gold!
And not even the iron, if he covers his foliage!
Nothing, but only his feet
nothing but his short shivering
his living "for," his living "then" . . .

18 September 1937

Quiere y no quiere su color mi pecho

Quiere y no quiere su color mi pecho,
por cuyas bruscas vías voy, lloro con palo,
trato de ser feliz, lloro en mi mano,
recuerdo, escribo
y remacho una lágrima en mi pómulo.

Quiere su rojo el mal, el bien su rojo enrojecido
por el hacha suspensa,
por el trote del ala a pie volando,
y no quiere y sensiblemente
no quiere aquesto el hombre;
no quiere estar en su alma
acostado, en la sien latidos de asta,
el bimano, el muy bruto, el muy filósofo.

Así, casi no soy, me vengo abajo
desde el arado en que socorro a mi alma
y casi, en proporción, casi enaltézcome.
Que saber por qué tiene la vida este perrazo,
por qué lloro, por qué,
cejón, inhábil, veleidoso, hube nacido
gritando;
saberlo, comprenderlo
al son de un alfabeto competente,
sería padecer por un ingrato.

¡Y no! ¡No! ¡No! ¡Qué ardid, ni paramento!
Congoja, sí, con sí firme y frenético,
coriáceo, rapaz, quiere y no quiere, cielo y pájaro;
congoja, sí, con toda la bragueta.
Contienda entre dos llantos, robo de una sola ventura,
vía indolora en que padezco en chanclos
de la velocidad de andar a ciegas.

22 setiembre 1937

My Breast Wants and Does Not Want Its Color

My breast wants and does not want its color,
I go weeping with a stick along those harsh roads,
I try to be happy, weeping in my hand;
I remember, I write,
riveting a tear in my cheekbone.

Evil wants its red, good wants its red reddened
by the hanging axe,
by the trot of a wing flying on foot,
but he doesn't want it and sorely
he doesn't want this,
he doesn't want to be inside his
soul, to the beat of lance-blows on his temple,
the two-handed creature, the great brute, the great philosopher.

Thus, I almost don't exist, I'm on my way down
from the plough on which I save my soul
and almost, in proportion, I almost raise myself.
For knowing why life contains this breast,
why I cry, why,
hesitant, helpless, inconstant, I was born
shouting,
to know this, to understand it
through the sound of a competent alphabet,
would be to suffer for someone ungrateful.

But no! No! No! What scheme, my parameter!
Anguish, yes, firm and frenetic,
leathery, predatory, it wants and does not want, sky and bird,
anguish, yes, with every button of the fly.
Wrangle between two laments, theft of one bliss only,
painless road where I suffer in my own out shoes
from the velocity of walking blindly.

22 September 1937

La paz, la avispa, el taco, las vertientes

La paz, la avispa, el taco, las vertientes,
el muerto, los decílitros, el búho,
los lugares, la tiña, los sarcófagos, el vaso, las morenas,
el desconocimiento, la olla, el monaguillo,
las gotas, el olvido,
la potestad, los primos, los arcángeles, la aguja,
los párrocos, el ébano, el desaire,
la parte, el tipo, el estupor, el alma . . .

Dúctil, azafranado, externo, nítido,
portátil, viejo, trece, ensangrentado,
fotografiadas, listas, tumefactas,
conexas, largas, encintadas, pérfidas . . .

Ardiendo, comparando,
viviendo, enfureciéndose,
golpeando, analizando, oyendo, estremeciéndose,
muriendo, sosteniéndose, situándose, llorando . . .

Después, éstos, aquí,
después, encima,
quizá, mientras, detrás, tanto, tan nunca,
debajo, acaso, lejos,
siempre, aquello, mañana, cuánto,
¡cuánto! . . .

Lo horrible, lo suntuario, lo lentísimo,
lo augusto, lo infructuoso,
lo aciago, lo crispante, lo mojado, lo fatal.
lo todo, lo purísimo, lo lóbrego,
lo acerbo, lo satánico, lo táctil, lo profundo . . .

25 setiembre 1937

The Peace, the Wasp, the Bung, the Hillsides

The peace, the wasp, the bung, the hillsides,
the dead man, the ten liter, the owl,
the sites, the ringworm, the tombs, the vase, the dark women,
the unknowing, the kettle, the altarboy,
the drops, the forgetfulness,
the potentate, the cousins, the archangels, the needle,
the parish priests, the ebony, the spite,
the part, the type, the stupor, the soul . . .

Malleable, saffroned, external, spotless,
portable, old, thirteen, bloodsmeared,
photographed, active, tumescent,
connected, broad, ribboned, perfidious . . .

Burning, comparing,
living, infuriated,
striking, analyzing, listening, shuddering,
dying, holding on, locating, weeping . . .

After, these, here
after, overhead,
perhaps, while, behind, so much, so never,
beneath, maybe, far,
always, that one, tomorrow, how much,
how much! . . .

The horrible, the sumptuous, the slowest,
the august, the fruitless,
the ominous, the twitching, the wet, the fatal,
the all, the most pure, the lugubrious,
the cruel, the satanic, the tactile, the profound . . .

25 September 1937

De puro calor tengo frío

¡De puro calor tengo frío,
hermana Envidia!
Lamen mi sombra leones
y el ratón me muerde el nombre,
¡madre alma mía!

¡Al borde del fondo voy,
cuñado Vicio!
La oruga tañe su voz,
y la voz tañe su oruga,
¡padre cuerpo mío!

¡Está de frente mi amor,
nieta Paloma!
De rodillas, mi terror
y de cabeza, mi angustia,
¡madre alma mía!

Hasta que un día sin dos,
esposa Tumba,
mi último hierro dé el son
de una víbora que duerme,
¡padre cuerpo mío!

29 setiembre 1937

Of Pure Heat I'm Freezing

Of pure heat I'm freezing
sister Envy!
Lions lick my shadow
and the mouse gnaws at my name,
mother, soul of mine!

To the edge of the depths I go,
brother-in-law Vice!
The caterpillar plays on its voice,
and the voice plays its caterpillar,
father, flesh of mine!

My love is in front of me,
granddaughter Dove!
On its knees, my terror
and on its head, my anguish,
mother, soul of mine!

Until a day without two,
wife Tomb,
my ultimate brand makes a sound
of a sleeping vipor,
father, flesh of mine!

29 September 1937

Confianza en el anteojo, nó en el ojo

Confianza en el anteojo, no en el ojo;
en la escalera, nunca en el peldaño;
en el ala, no en el ave
y en ti sólo, en ti sólo, en ti sólo.

Confianza en la maldad, no en el malvado;
en el vaso, mas nunca en el licor;
en el cadáver, no en el hombre
y en ti sólo, en ti sólo, en ti sólo.

Confianza en muchos, pero ya no en uno;
en el cauce, jamás en la corriente;
en los calzones, no en las piernas
y en ti sólo, en ti sólo, en ti sólo.

Confianza en la ventana, no en la puerta;
en la madre, mas no en los nueve meses;
en el destino, no en el dado de oro,
y en ti sólo, en ti sólo, en ti sólo.

5 octubre 1937

Trust in the Eyeglass, Not in the Eye

Trust in the eyeglass, not in the eye,
in the stairway, never in the step;
in the wing, not in the bird
and in only you, only you, only you.

Trust in the evil, not in the vicious,
in the glass, never in the liquor;
in the corpse, not in the man
and in only you, only you, only you.

Trust in many, but no longer in one,
in the river bed, never in the current;
in the stockings, not in the legs
and in only you, only you, only you.

Trust in the window, not in the door,
in the mother, not in the nine months;
in the destiny, not in the gilded dice
and in only you, only you, only you.

5 October 1937

Escarnecido, aclimatado al bien, mórbido, hurente

Escarnecido, aclimatado al bien, mórbido, hurente,
doblo el cabo carnal y juego a copas,
donde acaban en moscas los destinos,
donde comí y bebí de lo que me hunde.

Monumental adarme,
féretro numeral, los de mi deuda,
los de mi deuda, cuando caigo altamente,
ruidosamente, amoratadamente.

Al fondo, es hora,
entonces, de gemir con toda el hacha
y es entonces el año del sollozo,
el día del tobillo,
la noche del costado, el siglo del resuello.
Cualidades estériles, monótonos satanes,
del flanco brincan,
del ijar de mi yegua suplente;
pero, donde comí, cuánto pensé!
pero cuánto bebí donde lloré!

Así es la vida, tal
como es la vida, allá, detrás
del infinito; así, espontáneamente,
delante de la sien legislativa.

Yace la cuerda así al pie del violín,
cuando hablaron del aire, a voces, cuando
hablaron muy despacio del relámpago.

Mocked, Acclimatized to the Good, Morbid, Tormented

Mocked, acclimatized to the good, morbid, tormented,
I double over in the extremity of being worldly and play cups,
where the destinies end up in flies,
where I eat and drink what's cleaning me out.

Monumental pinch,
numeral bier, those of my debt,
those of my unpaid balance, when I fall exceedingly,
loudly, livid.

The lowest depth, then
it's time to moan with the ax,
and it's then the year of the sob,
the day of the ankle,
the night of the rib, of the pained respiration.
Sterile qualities, monotonous satans,
leap from the flank,
from the flank of my substitute mare;
but, where I eat, how much I think!
but, how much I drink where I weep!

Well, that's life, life
being what it is, way over there, behind
the infinite, thus, spontaneously
before the legislative temple.

Thus the string lies buried at the violin's base,
when they speak of the air, when
very leisurely they speak of lightning.

Se dobla así la mala causa, vamos
de tres en tres a la unidad; así
se juega a copas
y salen a mi encuentro los que aléjanse,
acaban los destinos en bacterias
y se debe todo a todos.

7 octubre 1937

The wrong cause thus doubles, we take turns
three by three in unity, thus
one plays cups
and those who fold match my bet,
the destinies end up in bacteria
and one owes all to all.

7 October 1937

Traspié entre dos estrellas

¡Hay gentes tan desgraciadas, que ni siquiera
tienen cuerpo; cuantitativo el pelo,
baja, en pulgadas, la genial pesadumbre;
el modo, arriba;
no me busques, la muela del olvido,
parecen salir del aire, sumar suspiros mentalmente, oír
claros azotes en sus paladares!

Vanse de su piel, rascándose el sarcófago en que nacen
y suben por su muerte de hora en hora
y caen, a lo largo de su alfabeto gélido, hasta el suelo.

¡Ay de tánto! ¡ay de tan poco! ¡ay de ellas!
¡Ay en mi cuarto, oyéndolas con lentes!
¡Ay en mi tórax, cuando compran trajes!
¡Ay de mi mugre blanca, en su hez mancomunada!

¡Amadas sean las orejas sánchez,
amadas las personas que se sientan,
amado el desconocido y su señora,
el prójimo con mangas, cuello y ojos!

¡Amado sea aquel que tiene chinches,
el que lleva zapato roto bajo la lluvia,
el que vela el cadáver de un pan con dos cerillas,
el que se coge un dedo en una puerta,
el que no tiene cumpleaños,
el que perdió su sombra en un incendio,
el animal, el que parece un loro,
el que parece un hombre, el pobre rico,
el puro miserable, el pobre pobre!

Stumble between Two Stars

There are people so racked they no longer feel
their bodies; quantitative the hair
let down, inch by inch, weighing with genius;
the mode, angular, upright;
don't look for the grindstone of oblivion,
they seem to come out of air, to sum up sighs mentally, to hear
the sharp blows of their words in their palates!

Shedding their skin, scratching at the sarcophagus in
which they were born
rising up by their death hour by hour
to fall, through the depth of their frozen alphabet, to
the ground.

Ah for so much! Ah for so little! Ah for all women!
Ah in my room listening to them with glasses!
Ah in my thorax when they buy suits!
Ah for my white grime, joined with their scum!

Beloved be the ears of the sanchez,
beloved be those who recline,
beloved be the man unknown and his wife,
neighbor with sleeves, collar and eyes!

Beloved be he who has bedbugs,
the one wearing torn shoes under the rain,
who keeps watching over the corpse of a bread with two matches,
the one watching his finger caught in a door,
the one with no birthdays,
who's lost his shadow in fire,
the animal, the one who looks like a parrot,
the one who looks like a man, the poor rich,
the pure miserable, the poor poor!

¡Amado sea
el que tiene hambre o sed, pero no tiene
hambre con qué saciar toda su sed,
ni sed con qué saciar todas sus hambres!

¡Amado sea el que trabaja al día, al mes, a la hora,
el que suda de pena o de vergüenza,
aquel que va, por orden de sus manos, al cinema,
el que paga con lo que le falta,
el que duerme de espaldas,
el que ya no recuerda su niñez; amado sea
el calvo sin sombrero,
el justo sin espinas,
el ladrón sin rosas,
el que lleva reloj y ha visto a Dios,
el que tiene un honor y no fallece!

¡Amado sea el niño, que cae y aún llora
y el hombre que ha caído y ya no llora!

¡Ay de tánto! ¡Ay de tan poco! ¡Ay de ellos!

11 octubre 1937

Beloved be
the one who has hunger or thirst, but has no
hunger with which to satisfy all his thirst,
neither thirst with which to satisfy all his hungers!

Beloved be he who works by day, by the month, by the hour,
the one who sweats from pain or from shame.
the one who goes, by command of his hands to the movies,
the one who pays sleeps with what he lacks,
the one who sleeps on his back,
the one who no longer remembers his childhood; beloved be
the bald man without a hat,
the just man without thorns,
the thief without roses,
the one who wears a watch and has seen God,
the one who has honor and does not die!

Beloved be the child that falls and still cries
and the man who has fallen and no longer cries!

Ah for so much! Ah for so little! Ah for all men!

11 October 1937

Despedida recordando un adiós

Al cabo, al fin, por último,
tomo, volví y acábome y os gimo, dándoos
la llave, mi sombrero, esta cartita para todos.
Al cabo de la llave está el metal en que aprendiéramos
a desdorar el oro, y está, al fin
de mi sombrero, este pobre cerebro mal peinado,
y, último vaso de humo, en su papel dramático,
yace este sueño práctico del alma.

¡Adiós, hermanos san pedros,
heráclitos, erasmos, espinosas!
¡Adiós, tristes obispos bolcheviques!
¡Adiós, gobernadores en desorden!
¡Adiós, vino que está en el agua como vino!
¡Adiós, alcohol que está en la lluvia!

¡Adiós también, me digo a mí mismo,
adiós, vuelo formal de los milígramos!
¡También adiós, de modo idéntico,
frío del frío y frío del calor!
Al cabo, al fin, por último, la lógica,
los linderos del fuego,
la despedida recordando aquel adiós.

12 octubre 1937

Farewell, Remembering a Goodbye

Finally, at last, in the end,
I turn, went back and having just finished, cry to you giving you
the key, my hat, this little letter for all.
At last the key is in the lock so we might learn
to separate the gilding from the gold, with each turn,
and is lying at the end of my hat, this poor badly combed brain,
and, last glass of smoke, with its dramatic paper,
lies down this practical dream of the soul, in the grave.

Goodbye, brothers Saint Peters,
Heraclitus, Erasmus, Spinozas!
Goodbye, sad Bolshevik bishops!
Goodbye, governors in disorder!
Goodbye, wine which in water is like wine!
Goodbye, alcohol that's in the rain!

Also I said goodbye to myself,
goodbye, formal flight of the milligrams!
Also, goodbye, in exactly the same way,
cold of cold and cold of heat!
Finally, at last, in the end, the logic,
the borders of fire,
the farewell remembering the goodbye.

12 October 1937

El libro de la naturaleza

Profesor de sollozo—he dicho a un árbol—
palo de azogue, tilo
rumoreante, a la orilla del Mame, un buen alumno
leyendo va en tu naipe, en tu hojarasca,
entre el agua evidente y el sol falso,
su tres de copas, su caballo de oros.

Rector de los capítulos del cielo,
de la mosca ardiente, de la calma manual que hay en los asnos;
rector de honda ignorancia, un mal alumno
leyendo va en tu naipe, en tu hojarasca,
el hambre de razón que le enloquece
y la sed de demencia que le aloca.

Técnico en gritos, árbol consciente, fuerte,
fluvial, doble, solar, doble, fanático,
conocedor de rosas cardinales, totalmente
metido, hasta hacer sangre, en aguijones, un alumno
leyendo va en tu naipe, en tu hojarasca,
su rey precoz, telúrico, volcánico, de espadas.

¡Oh profesor, de haber tánto ignorado!
¡oh rector, de temblar tánto en el aire!
¡oh técnico, de tánto que te inclinas!
¡Oh tilo! ¡oh palo rumoroso junto al Marne!

21 octubre 1937

The Book of Nature

Professor of sobs—I said to a tree—
bludgeon, linden tree
murmuring, to the banks of the Marne, a good student
reads your fortune in your withered leaves
between evident water and false sun,
your three of cups, your horse of gold.

Rector of chapels in the sky,
of the ardent fly, of the laborious calm in donkeys;
rector of profound ignorance, a bad student
reads your fortune in your withered leaves,
hunger of reason that maddens
and the thirst of dementia drives him crazy.

Mechanical screams, aware and strong upright tree,
water moving, sun-like, double, fanatic,
connoisseur of cardinal roses, completely
shaved, almost to the drawing of blood, stinging, a student
reads your fortune in your withered leaves,
your precocious king, telluric, volcanic, king of swords.

Oh professor for having not known so much!
Oh rector for having trembled in this air!
Oh technician for so much that bends you!
Oh linden tree! Oh musing stick by the Marne!

21 October 1937

Tengo un miedo terrible de ser un animal

Tengo un miedo terrible de ser un animal
de blanca nieve, que sostuvo padre
y madre, con su sola circulación venosa,
y que, este día espléndido, solar y arzobispal,
día que representa así a la noche,
linealmente
elude este animal estar contento, respirar
y transformarse y tener plata.

Sería pena grande
que fuera yo tan hombre hasta ese punto.
Un disparate, una premisa ubérrima
a cuyo yugo ocasional sucumbe
el gonce espiritual de mi cintura.
Un disparate . . . En tanto,
es así, más acá de la cabeza de Dios,
en la tabla de Locke, de Bacon, en el lívido pescuezo
de la bestia, en el hocico del alma.

Y, en lógica aromática,
tengo ese miedo práctico, este día
espléndido, lunar, de ser aquél, éste talvez,
a cuyo olfato huele a muerto el suelo,
el disparate vivo y el disparate muerto.
¡Oh revolcarse, estar, toser, fajarse,
fajarse la doctrina, la sien, de un hombro al otro,
alejarse, llorar, darlo por ocho
o por siete o por seis, por cinco o darlo
por la vida que tiene tres potencias.

22 octubre 1937

I Have a Terrible Fear of Being an Animal

I have a terrible fear of being an animal
of white snow, and keeping father
with only my veined circulation and mother alive
and this splendid day, solar and archbishoprical,
day that thus represents this night
lineally
this animal avoids being content, breathing
and changing itself and having silver.

It would be a great deal of pain
if I were a man to that great a degree.
A blunder, a very fruitful premise
succumbs to an occasional yoke
the spiritual hinge of my waist.
An absurdity . . . In the meantime,
so it is, nearer to the head of God,
in the tablets of Locke, of Bacon, in the livid neck
of the beast, in the snout of the soul.

And, in aromatic, logic,
I have this practical fear, this splendid day
lunar, to be that one, this one perhaps,
to whose nose the ground smells of death.
The live absurdity and the dead blunder.
Oh tread upon yourself, be, cough, attack yourself,
attack the doctrine, the temple, of one shoulder to another,
remove yourself, cry, give for eight
or for seven or for six, for five or give it
the life that has three potentials.

22 October 1937

La cólera que quiebra al hombre en niños

La cólera que quiebra al hombre en niños,
que quiebra al niño en pájaros iguales,
y el pájaro, después, en huevecillos;
la cólera del pobre
tiene un aceite contra dos vinagres.

La cólera que al árbol quiebra en hojas,
la hoja en botones desiguales
y al botón, en ranuras telescópicas;
la cólera del pobre
tiene dos ríos contra muchos mares.

La cólera que quiebra al bien en dudas,
a la duda, en tres arcos semejantes
y al arco, luego, en tumbas imprevistas;
la cólera del pobre
tiene un acero contra dos puñales.

La cólera que quiebra al alma en cuerpos,
al cuerpo en órganos desemejantes
y al órgano, en octavos pensamientos;
la cólera del pobre
tiene un fuego central contra dos cráteres.

26 octubre 1937

The Anger Which Breaks a Man into Children

The anger which breaks a man into children,
which breaks the child into equal birds,
and from there, the bird into small eggs;
the anger of the poor
has one oil against two vinegars.

The anger which breaks a tree into leaves,
and the leaf into uneven buds
and the bud, into telescopic grooves;
the anger of the poor
has two rivers against many seas.

The anger which breaks the good into doubts
and doubt, into three similar arcs
and the arc, at once, into unforeseeable tombs;
the anger of the poor
has one steel against two daggers.

The anger which breaks the soul into bodies,
the body into dissimilar organs
and the organ, into octave meditations;
the anger of the poor
has one central fire against two craters.

26 October 1937

Intensidad y altura

Quiero escribir, pero me sale espuma,
quiero decir muchísimo y me atollo;
no hay cifra hablada que no sea suma,
no hay pirámide escrita, sin cogollo.

Quiero escribir, pero me siento puma;
quiero laurearme, pero me encebollo.
No hay toz hablada, que no llegue a bruma,
no hay dios ni hijo de dios, sin desarrollo.

Vámonos, pues, por eso, a comer yerba,
carne de llanto, fruta de gemido,
nuestra alma melancólica en conserva.

Vámonos! Vámonos! Estoy herido;
vámonos a beber lo ya bebido,
vámonos, cuervo, a fecundar tu cuerva.

27 octubre 1937

Intensity and Heights

I want to write but spume comes out of me,
I want to say so much, but stick in mire;
there's no cipher spoken, not a sum,
there's no pyramid written without sprouts.

I want to write, but feel myself puma;
I want laurels but I'm wreathed in garlic.
There's no cough spoken that doesn't arrive to the mist,
no god nor son of god without evolution.

Let's go, then, therefore, and eat grass,
meat of weeping, fruit of moan,
our melancholic soul canned.

Let's go! Let's go! I'm wounded;
let's go to drink what we've already drunk,
let's go, raven, and impregnate your female jackdaw.

27 October 1937

Guitarra

El placer de sufrir, de odiar, me tiñe
la garganta con plásticos venenos,
mas la cerda que implanta su orden mágico,
su grandeza taurina, entre la prima
y la sexta
y la octava mendaz, las sufre todas.

El placer de sufrir . . . ¿Quién? ¿a quién?
¿quién, las muelas? ¿a quién la sociedad,
los carburos de rabia de la encía?
¿Cómo ser
y estar, sin darle cólera al vecino?

Vales más que mi número, hombre solo,
y valen más que todo el diccionario,
con su prosa en verso,
con su verso en prosa,
tu función águila,
tu mecanismo tigre, blando prójimo.

El placer de sufrir,
de esperar esperanzas en la mesa,
el domingo con todos los idiomas,
el sábado con horas chinas, belgas,
la semana, con dos escupitajos.

El placer de esperar en zapatillas,
de esperar encogido tras de un verso,
de esperar con pujanza y mala poña;
el placer de sufrir: zurdazo de hembra
muerta con una piedra en la cintura
y muerta entre la cuerda y la guitarra,
llorando días y cantando meses.

28 octubre 1937

Guitar

The pleasure of suffering, of hating, discolors
the throat with plastic poisons,
the swine who implants his magic order,
his bullish greatness, between the first
and the sixth
and the eight liar, all suffer.

The pleasure of suffering . . . Who? To whom?
Who, the teeth? . . . To whom, the society?
The carbide of rage of the gums?
How to be
and being, without infuriating the neighbor?

You are worth more than my number, lonely man,
and they're worth more than all the dictionary,
with its prose in verse,
with its verse in prose,
your eagle-like function,
your mechanical tiger, soft fellow creature.

The pleasure of suffering,
of waiting hopes on the table,
Sunday with all the languages,
Saturday with Chinese hours, Belgiums,
the week, with two spittings.

The pleasure of waiting in slippers,
waiting fearfully behind a verse,
waiting with power and bad poison;
the pleasure of suffering, slapped with the left hand of a woman,
dead with a stone in the waist,
and dead between the string and the guitar,
crying days and singing months.

28 October 1937

Panteón

He visto ayer sonidos generales,
            mortuoriamente,
            puntualmente alejarse,
cuando oí desprenderse del ocaso
            tristemente,
exactamente un arco, un arcoíris.

Vi el tiempo generoso del minuto,
            infinitamente
atado locamente al tiempo grande,
pues que estaba la hora
            suavemente,
premiosamente henchida de dos horas.

Dejóse comprender, llamar, la tierra
            terrenalmente;
negóse brutalmente, así a mi historia,
y si vi, que me escuchen, pues, en bloque,
si toqué esta mecánica, que vean
            lentamente,
despacio, vorazmente, mis tinieblas.

Y si vi en la lesión de la respuesta,
            claramente,
la lesión mentalmente de la incógnita,
si escuché, si pensé en mis ventanillas
nasales, funerales, temporales,
            fraternalmente,
piadosamente echadme a los filósofos.

Pantheon

I have seen yesterday common noises,
            dying,
            punctually recede,
when I heard the sun setting
            sadly,
exactly an arc, a rainbow.

I saw the generous time of a minute,
            immensely
insanely tied to the greater time,
well it was the hour
            softly,
swollen tightly with two hours.

Let yourself understand, to call, the earth
            earthly;
brutally denying that way my past,
and if I saw, they listen to me, well, united,
if I touch this machine, that they
            may slowly see,
gently, greedily, my darkness.

And if I saw in the wound of the answer,
            clearly,
the mental wound of the icognite,
if I heard, if I imagine my small windows
nasal, funerals, temporally,
            fraternally,
piously throw me to the philosophers.

Mas no más inflexión precipitada
en canto llano, y no más
el hueso colorado, el son del alma
                tristemente
erguida ecuestremente en mi espinazo,
ya que, en suma, la vida es
                implacablemente,
imparcialmente horrible, estoy seguro.

31 octubre 1937

But no more hasty warping
clearly singing, and no more
ruddy bones, the sound of the soul
            sadly
erected equestrianly in my spine,
since, in sum, life is,
            implacably,
impartially hideous, I'm sure.

31 October 1937

Un hombre está mirando a una mujer

Un hombre está mirando a una mujer,
está mirándola inmediatamente,
con su mal de tierra suntuosa
y la mira a dos manos
y la tumba a dos pechos
y la mueve a dos hombres.

Pregúntome entonces, oprimiéndome
la enorme, blanca, acérrima costilla:
Y este hombre
¿no tuvo a un niño por creciente padre?
¿Y esta mujer, a un niño
por constructor de su evidente sexo?

Puesto que un niño veo ahora,
niño ciempiés, apasionado, enérgico;
veo que no le ven
sonarse entre los dos, colear, vestirse;
puesto que los acepto,
a ella en condición aumentativa,
a él en la flexión del heno rubio.

Y exclamo entonces, sin cesar ni uno
de vivir, sin volver ni uno
a temblar en la justa que venero:
¡Felicidad seguida
tardíamente del Padre,
del Hijo y de la Madre!
¡Instante redondo,
familiar, que ya nadie siente ni ama!

A Man Is Watching a Woman

A man is watching a woman,
is watching her immediately,
with his of sumptuous land sickness
and sees with both hands
moving her between two men.

I question myself, oppressing me against
the enormous, white, steel rib:
Would not have this man,
then, a child, growing into a father?
And this woman, a child
as a builder of her evident sex?

Although I do see a child now,
a centipede child, energetic, impassioned;
I see that they don't see him
standing between them, wriggling, dressing itself;
although I accept them,
she in augmentative condition,
he bending the blond hay.

And I cry out, then, without stopping
either of living, without turning
either in the joust I venerate:
Happiness followed!
too late by the Father,
by the Son and by the Mother!
circular instant,
familiar, now that no one feels or loves!

¡De qué deslumbramiento áfono, tinto,
se ejecuta el cantar de los cantares!
¡De qué tronco, el florido carpintero!
¡De qué perfecta axila, el frágil remo!
¡De qué casco, ambos cascos delanteros!

2 noviembre 1937

From what silent, dyed clear light
ejects the Song of Songs!
From what trunk, the florid carpenter!
From what perfect armpit, the fragile oar!
From what skull, both skull forwarders!

2 November 1937

Los nueve monstruos

Y, desgraciadamente,
el dolor crece en el mundo a cada rato,
crece a treinta minutos por segundo, paso a paso,
y la naturaleza del dolor, es el dolor dos veces
y la condición del martirio, carnívora, voraz,
es el dolor dos veces
y la función de la yerba purísima, el dolor
dos veces
y el bien de ser, dolernos doblemente.

Jamás, hombres humanos,
hubo tanto dolor en el pecho, en la solapa, en la cartera,
en el vaso, en la carnicería, en la aritmética!
Jamás tanto cariño doloroso,
jamás tanta cerca arremetió lo lejos,
jamás el fuego nunca
jugó mejor su rol de frío muerto!
Jamás, señor ministro de salud, fue la salud
más mortal
y la migraña extrajo tanta frente de la frente!
Y el mueble tuvo en su cajón, dolor,
el corazón, en su cajón, dolor,
la lagartija, en su cajón, dolor.

Crece la desdicha, hermanos hombres,
más pronto que la máquina, a diez máquinas, y crece
con la res de Rousseau, con nuestras barbas;
crece el mal por razones que ignoramos
y es una inundación con propios líquidos,
con propio barro y propia nube sólida!

The Nine Monsters

Unfortunately, every moment
pain grows in the world,
it grows thirty minutes each second, step by step,
and the nature of the pain is twice the pain,
and the condition of martyrdom, carnivorous, ravenous,
it is twice the pain
and the function of the purest herb,
twice the pain,
and the goodness of being, is twice the pain for us.

Never, human men,
had there been so much pain in the breast, in the lapel, in the briefcase,
in the glass, in the butcher-shop, in the arithmetic!
Never so much affectionate pain,
never so nearby attacking the far away,
never the fire, never
played better its game of cold death!
Never, Mr. Minister of Health, was health
more mortal,
and the migraine extracted too much forehead from the forehead!
And the furniture had in its drawer, pain,
the little lizard in its drawer, pain.

This misfortune grows, brothers,
quicker than the machine grows into ten machines, and it
grows with the head of Rousseau, with our beards
the bad grows with reasons which we ignore
and it floods itself in its own liquid,
with its own mud and its own solid cloud!

Invierte el sufrimiento posiciones, da función
en que el humor acuoso es vertical
al pavimento,
el ojo es visto y esta oreja oída,
y esta oreja da nueve campanadas a la hora
del rayo, y nueve carcajadas
a la hora del trigo, y nueve sones hembras
a la hora del llanto, y nueve cánticos
a la hora del hambre y nueve truenos
y nueve látigos, menos un grito.

El dolor nos agarra, hermanos hombres,
por detrás, de perfil,
y nos aloca en los cinemas,
nos clava en los gramófonos,
nos desclava en los lechos, cae perpendicularmente
a nuestros boletos, a nuestras cartas;
y es muy grave sufrir, puede uno orar . . .
Pues de resultas
del dolor, hay algunos
que nacen, otros crecen, otros mueren,
y otros que nacen y no mueren, otros
que sin haber nacido, mueren, y otros
que no nacen ni mueren (son los más).
Y también de resultas
del sufrimiento, estoy triste
hasta la cabeza, y más triste hasta el tobillo,
de ver al pan, crucificado, al nabo,
ensangrentado,
llorando, a la cebolla,
al cereal, en general, harina,
a la sal, hecha polvo, al agua, huyendo,
al vino, un ecce-homo,
tan pálida a la nieve, al sol tan ardido!

The suffering changes positions,
in which the aquous humor is vertical
to the pavement,
the eye sees and this ear hears,
and in this ear sounds nine times the bell at the
hour of the sun, and nine laughs
at the hour of the wheat, and nine female sounds
at the hour of the cry, and nine songs
at the hour of hunger, and nine explosions
and nine beatings, minus a cry.

Brothers, the pain seizes us, brothers
from behind, by side face
and drives us crazy in the movies
nailing us to the gramophones,
not nailing us to beds, to fall perpendicular
to our tickets, to our letters,
and suffering so gravely, one is able to pray . . .
Then, as a result
of the pain, there are
some who are born, others grown, others die,
and others are born and don't die, others
without having been born, die and others
are not born nor die (this is the majority).
And also as a result
of the suffering, I am sad
to the head, and saddest to the ankle,
seeing the bread, crucified, the turnip
bloodied,
crying, to the onion,
to the cereal, generally, flour,
to the salt, turning to dust, the water, flowing
to the wine, behold the man
so pale as snow, the burning sun!

¡Cómo, hermanos humanos,
no deciros que ya no puedo y
ya no puedo con tanto cajón,
tanto minuto, tanta
lagartija y tanta
inversión, tanto lejos y tanta sed de sed!
Señor Ministro de Salud: ¿qué hacer?
¡Ah! desgraciadamente, hombre humanos,
hay, hermanos, muchísimo que hacer.

3 noviembre 1937

How, human brothers,
not telling you that I can't and
that I'm unable with so much box,
and so many minutes, so
many lizards, and so
much inversion, so far and so much thirst for more thirsts!
Mr. Minister of Health! What can I do?
Oh, unfortunately, brothers,
there is, brothers, so much to do.

3 November 1937

Un hombre pasa con un pan al hombro

Un hombre pasa con un pan al hombro
¿Voy a escribir, después, sobre mi doble?

Otro se sienta, ráscase, extrae un piojo de su axila, mátalo
¿Con qué valor hablar del psicoanálisis?

Otro ha entrado en mi pecho con un palo en la mano
¿Hablar luego de Sócrates al médico?

Un cojo pasa dando el brazo a un niño
¿Voy, después, a leer a André Bretón?

Otro tiembla de frío, tose, escupe sangre
¿Cabrá aludir jamás al Yo profundo?

Otro busca en el fango huesos, cáscaras
¿Cómo escribir, después del infinito?

Un albañil cae de un techo, muere y ya no almuerza
¿Innovar, luego, el tropo, la metáfora?

Un comerciante roba un gramo en el peso a un cliente
¿Hablar, después, de cuarta dimensión?

Un banquero falsea su balance
¿Con qué cara llorar en el teatro?

Un paria duerme con el pie a la espalda
¿Hablar, después, a nadie de Picasso?

A Man Passes with a Loaf of Bread on His Shoulders

A man passes with a loaf of bread on his shoulders
Am I going, thereafter, to write about my double?

Another sits, scratches himself, removes a louse from his armpit, kills it
With what value talk about psychoanalysis?

Another has entered my chest with a club in his hand
Shall I then talk about Socrates with the doctor?

A cripple walks by giving his arm to a child
After that, I'm supposed to read André Breton?

Another shivers with cold, coughs, spits up blood
Will it be a way to refer to the profound I?

Another searches in mud for bones and for husks
How then can I write about the infinite?

A bricklayer falls from the roof, dies before breakfast
After that how can I innovate the troupe, the metaphor?

A merchant steals a gram from a customer
How then can I talk about the fourth dimension?

A banker falsifies his balance
With which face weep in the theater?

An outcast sleeps with one foot on his shoulder
Shall I, later on, speak of Picasso?

Alguien va en un entierro sollozando
¿Cómo luego ingresar a la Academia?

Alguien limpia un fusil en su cocina
¿Con qué valor hablar del más allá?

Alguien pasa contando con sus dedos
¿Cómo hablar del no-yó sin dar un grito?

5 noviembre 1937

Someone is sobbing at the side of a grave
How can I get into The Academy?

Someone cleans his rifle in the kitchen
With what courage can one speak of the next world?

Someone walks by counting on his fingers
How can I speak of the not-I without crying out?

5 November 1937

Me viene, hay días, una gana ubérrima, política

Me viene, hay días, una gana ubérrima, política,
de querer, de besar al cariño en sus dos rostros,
y me viene de lejos un querer
demostrativo, otro querer amar, de grado o fuerza,
al que me odia, al que rasga su papel, al muchachito,
a la que llora por el que lloraba,
al rey del vino, al esclavo del agua,
al que ocultóse en su ira,
al que suda, al que pasa, al que sacude su persona en mi alma.
Y quiero, por lo tanto, acomodarle
al que me habla, su trenza; sus cabellos, al soldado;
su luz, al grande; su grandeza, al chico.
Quiero planchar directamente
un pañuelo al que no puede llorar
y, cuando estoy triste o me duele la dicha,
remendar a los niños y a los genios.

Quiero ayudar al bueno a ser su poquillo de malo
y me urge estar sentado a la diestra del zurdo, y responder al mudo,
tratando de serle útil
en todo lo que puedo y también quiero muchísimo
lavarle al cojo el pie,
y ayudarle a dormir al tuerto próximo.

¡Ah querer, éste, el mío, éste, el mundial,
interhumano y parroquial, provecto!
Me viene a pelo,
desde el cimiento, desde la ingle pública,
y, viniendo de lejos, da ganas de besarle
la bufanda al cantor,

Some Days a Fruitful, Cautious Longing Comes Over Me

Some days a fruitful, cautious longing comes over me,
to love and kiss affection on both cheeks,
and from afar there comes to me,
demonstrative, a wish, a different wish of loving, strong,
the one who hates me, the one who tears up his role, the little boy,
the one who weeps for one who has been weeping,
king of wine, slave of water
the one who hides in his own wrath
the one who sweats, the one who passes by, the one who
shakes himself within my soul.
The pleasure to arrange a braid of hair
of one who talks to me, the soldier's hair;
one's light, the great; one's greatness to the boy.
I want to iron a handkerchief at one
for the one who cannot weep
and, when I'm sad or when good fortune pains me,
to patch up geniuses and children.

I want to help the good man be a little bad
and have an urge to sit
on the right of the left-handed, answer the dumb,
trying to be useful in what
I can, wanting very much
to wash the cripple's foot,
and help my one-eyed neighbor sleep.

Oh, this love of mine, this world-wide love,
interhuman, parochial, fulfilled!
It comes just right,
from the foundations, from the public groin,
and coming from afar it makes one want to kiss
the singer's scarf,

Palmas y guitarra

Ahora, entre nosotros, aquí,
ven conmigo, trae por la mano a tu cuerpo
y cenemos juntos y pasemos un instante la vida
a dos vidas y dando una parte a nuestra muerte.
Ahora, ven contigo, hazme el favor
de quejarte en mi nombre y a la luz de la noche teneblosa
en que traes a tu alma de la mano
y huímos en puntillas de nosotros.

Ven a mí, sí, y a ti, sí,
con paso par, a vemos a los dos con paso impar,
marcar el paso de la despedida.
¡Hasta cuando volvamos! ¡Hasta la vuelta!
¡Hasta cuando leamos, ignorantes!
¡Hasta cuando volvamos, despidámonos!

¿Qué me importan los fusiles?
escúchame;
escúchame, ¿qué impórtenme,
si la bala circula ya en el rango de mi firma?
¿Qué te importan a ti las balas,
si el fusil está humeando ya en tu olor?
Hoy mismo pesaremos
en los brazos de un ciego nuestra estrella
y, una vez que me cantes, lloraremos.
Hoy mismo, hermosa, con tu paso par
y tu confianza a que llegó mi alarma,
saldremos de nosotros, dos a dos.
¡Hasta cuando seamos ciegos!
¡Hasta
que lloremos de tánto volver!

Palms and Guitar

Here between us, now
come with me, bring my hand to your body
let's dine together and for an instant let's turn life
into two lives giving to each a piece of our death.
Now come with yourself, do me the favor
if murmuring my name in the light of the tenebrous night
in which you bring my hand to your soul
so we flee on tiptoe from ourselves.

Yes, come to me and to you, yes
with soft step, seeing both of us with uneven steps,
nothing the gentle farewell.
Until we return! Until we may return!
Until we read, ignorant!
Until we may return, bid us farewell!

These guns are of no importance to me,
listen to me;
listen to me, of what significance are they to me,
if the bullets already circulate in the range of my signature?
Why do you care for the bullets
if the gun is now smoking in your scent?
This very day we will weigh
our stars in the arms of a blind man,
and when you sing to me then we'll cry.
This very day, beautiful one, your gentle step
and your confidence alarms me.
We will leave ourselves, two by two.
Until we are blinded!
Until
we cry returning so many times!

Ahora,
entre nosotros, trae
por la mano a tu dulce personaje
y cenemos juntos y pasemos un instante la vida
a dos vidas y dando una parte a nuestra muerte.

Ahora, ven contigo, hazme el favor
de cantar algo
y de tocar en tu alma, haciendo palmas.
¡Hasta cuando volvamos! ¡Hasta entonces!
¡Hasta cuando partamos, despidámonos!

8 noviembre 1937

Now,
between us, bring
by the hand your sweet character
and let's eat and pass an instant of life
letting go of the very same death within us.

Now, come with yourself, do me the favor
of singing something
and sing in your soul, clapping hands.
Until we may return! Until then!
Until we depart, let's say goodbye!

8 November 1937

El alma que sufrió de ser su cuerpo

Tú sufres de una glándula endocrínica, se ve,
o, quizá,
sufres de mí, de mi sagacidad escueta, tácita.
Tú padeces del diáfano antropoide, allá, cerca,
donde está la tiniebla tenebrosa.
Tú das vuelta al sol, agarrándote el alma,
extendiendo tus juanes corporales
y ajustándote el cuello; eso se ve.
Tú sabes lo que te duele,
lo que te salta al anca,
lo que baja por ti con soga al suelo.
Tú, pobre hombre, vives; no lo niegues,
si mueres; no lo niegues,
si mueres de tu edad ¡ay! y de tu época.
Y, aunque llores, bebes,
y, aunque sangres, alimentas a tu híbrido colmillo,
a tu vela tristona y a tus partes.
Tú sufres, tú padeces y tú vuelves a sufrir horriblemente,
desgraciado mono,
jovencito de Darwin,
alguacil que me atisbas, atrocísimo microbio.
Y tú lo sabes a tal punto,
que lo ignoras, soltándote a llorar.
Tú, luego, has nacido; eso
también se ve de lejos, infeliz y cállate,
y soportas la calle que te dio la suerte
y a tu ombligo interrogas: ¿dónde? ¿cómo?

Amigo mío, estás completamente, .
hasta el pelo, en el año treinta y ocho,
nicolás o santiago, tal o cual,

The Soul That Suffered from Being Its Body

You suffer from an endocrine gland, that's obvious,
or, perhaps,
you suffer from me, from my tacit tight-lipped sagacity.
You suffer from the translucent anthropoid there, near,
where the tenebrous darkness lies.
You walk around the sun, clutching onto your soul,
spraying out your corporeal juanes
adjusting out your collar; that's obvious.
You know what hurts you,
what leaps onto your haunch,
what lowers through you with a rope to the ground.
You, poor man, live; don't deny it,
if you die from your age, ah! And from your epoch.
And even if you cry, you drink,
and even if you bleed, you nourish your hybrid tooth,
your sad candle and your parts.
You suffer, you endure, and again suffer horribly,
unlucky monkey,
little Darwinian offspring,
constable who spies on me, atrocious microbe.

And you know this so well,
you ignore it, bursting into tears.
You, then, have been born; also
that can be seen from afar, and unhappy,
so shut up and endure the road you're destined to be on
and questioning your navel: Where? How?

My friend, you're completely up
to your hair, in the year '38,
Nicholas or Santiago, such or which,

estés contigo o con tu aborto o conmigo
y cautivo en tu enorme libertad,
arrastrado por tu hércules autónomo . . .
Pero si tú calculas en tus dedos hasta dos,
es peor; no lo niegues, hermanito.

¿Que nó? ¿Que sí, pero que nó?
¡Pobre mono! . . . ¡Dame la pata! . . . No. La mano, he dicho.

¡Salud! ¡Y sufre!

8 noviembre 1937

whether you are yourself with your miscarriage or with me
or caught in your enormous liberty,
dragged along by your autonomous Hercules . . .
but if you calculate on your fingers up to two,
it's worse; don't deny it, little brother.

No? Yes? Nevertheless no?
Poor monkey! . . . Gimme your paw! . . . No. The hand, I say.

Cheers! And suffer!

8 November 1937

Acaba de pasar el que vendrá

Acaba de pasar el que vendrá
proscrito, a sentarse en mi triple desarrollo;
acaba de pasar criminalmente.

Acaba de sentarse más acá,
a un cuerpo de distancia de mi alma,
el que vino en un asno a enflaquecerme;
acaba de sentarse de pie, lívido.

Acaba de darme lo que está acabado,
el calor del fuego y el pronombre inmenso
que el animal crió bajo su cola.

Acaba
de expresarme su duda sobre hipótesis lejanas
que él aleja, aún más, con la mirada.

Acaba de hacer al bien los honores que le tocan
en virtud del infame paquidermo,
por lo soñado en mi y en él matado.

Acaba de ponerme (no hay primera)
su segunda aflixión en plenos lomos
y su tercer sudor en plena lágrima.

Acaba de pasar sin haber venido.

12 noviembre 1937

The One Who Will Come Has Just Passed By

The one who will come has just passed by,
forbidden, to sit himself in my triple evolution;
he just passed like a criminal.

He just seated himself over there,
at body's length from my soul,
he who came is an ass trying to weaken me;
he just seated himself standing, livid.

He just gave me what's finished,
the heat of fire and the immense pronoun
that the animal nurtured under his tail.

He just
expressed his doubts to me on distant hypotheses
that he separates, even more, with a glance.

He just finished doing the honors to the good
by virtue of the vile pachyderm
for what's dreamt in me and in him murdered.

He just finished fixing me (there is no first)
to his second affliction in full loins,
and his third sweat in full tears.

The one who comes has just passed without having come.

12 November 1937

Viniere el malo, con un trono al hombro

Viniere el malo, con un trono al hombro,
y el bueno, a acompañar al malo a andar,
dijeren «sí» el sermón, «no» la plegaria
y cortare el camino en dos la roca . . .

Comenzare por monte la montaña,
por remo el tallo, por timón el cedro
y esperaren doscientos a sesenta
y volviere la carne a sus tres títulos . . .

Sobrare nieve en la noción del fuego,
se acostare el cadáver a mirarnos,
la centella a ser trueno corpulento
y se arquearen los saurios a ser aves . . .

Faltare excavación junto al estiércol,
naufragio al río para resbalar,
cárcel al hombre libre, para serlo,
y una atmósfera al cielo, y hierro al oro . . .

Mostraren disciplina, olor, las fieras,
se pintare el enojo de soldado,
me dolieren el junco que aprendí,
la mentira que inféctame y socórreme . . .

Sucediere ello así y así poniéndolo,
¿con qué mano despertar?
¿con qué pie morir?
¿con qué ser pobre?
¿con qué voz callar?
¿con cuánto comprender, y, luego, a quién?

The Evil Man Might Come with a Throne on His Shoulder

The evil man might come with a throne on his shoulder,
and the good accompanying the evil, walking,
they said, "yes" the sermon, "no" to the prayer
and it may cut the road in two rocks . . .

I may begin by climbing the mountain,
by oar the sprout, by rudder the cedar
and they will wait two-hundred to sixty
and the meat may return to its three titles . . .

There's too much snow in the idea of fire,
the corpse will go to bed to look at us,
the lightning being with loud thunderclaps,
and the saurians will arch to be birds . . .

It will lack excavation near the dung,
shipwreck to the river in order to slide,
jail for the free man, in order to be it,
and an atmosphere to the sky and iron to gold . . .

They will demonstrate discipline, smell, the wild beast
may paint the passion of a soldier,
I may be in pain because learning of the rushes,
the lie that infects and helps me . . .

It might happen like this and placing
with what hand to awaken?
with what foot to die?
with what to be poor?
with what voice to silence?
with how much to understand and, then, to whom?

No olvidar ni recordar
que por mucho cerrarla, robáronse la puerta,
y de sufrir tan poco estoy muy resentido
y de tánto pensar, no tengo boca.

19 noviembre 1937

Not to forget nor remember,
that by closing it too often, the door has been stolen,
and of suffering so little, I am very resentful,
and with thinking so much, I'm now lacking a mouth.

19 November 1937

Ello es que el lugar donde me pongo

Ello es que el lugar donde me pongo
el pantalón, es una casa donde
me quito la camisa en alta voz
y donde tengo un suelo, un alma, un mapa de mi España.

Ahora mismo hablaba
de mí conmigo, y ponía
sobre un pequeño libro un pan tremendo
y he, luego, hecho el traslado, he trasladado,
queriendo canturrear un poco, el lado
derecho de la vida al lado izquierdo;
más tarde, me he lavado todo, el vientre,
briosa, dignamente;
he dado vuelta a ver lo que se ensucia,
he raspado lo que me lleva tan cerca
y he ordenado bien el mapa que
cabeceaba o lloraba, no lo sé.

Mi casa, por desgracia, es una casa,
un suelo por ventura, donde vive
con su inscripción mi cucharita amada,
mi querido esqueleto ya sin letras,
la navaja, un cigarro permanente.
De veras, cuando pienso
en lo que es la vida,
no puedo evitar de decírselo a Georgette,
a fin de comer algo agradable y salir,
por la tarde, comprar un buen periódico.
guardar un día para cuando no haya,
una noche también, para cuando haya
(así se dice en el Perú—me excuso);
del mismo modo, sufro con gran cuidado,
a fin de no gritar o de llorar, ya que los ojos

That Is the Place Where I Put On

The place where I put on
my pants, is a house where
I take off my shirt loudly
and where I have a floor, a soul, and a map of my Spain.
Just now I was talking to myself
about myself, and I put
a large piece of bread on a small book,
and then, later, I may have moved it,
wishing to hum a bit, the right side
of life to the left side;
much later I washed everything, my stomach
vigorous worthy;
I turned around to see what was dirty,
I scraped as I turned the parts of me that are closest,
I've arranged very well the map that
nodding with sleep or crying, I don't know.

My house, unfortunately, is a house
a floor at most, where lives
with its inscription my beloved little spoon,
my dear skeleton already without song,
the razor, a permanent cigar.
Truthfully, when I think
of what life is,
I can't avoid saying to Georgette,
for the purpose of eating something enjoyable and taking a walk,
in the evening, to buy a good newspaper,
guarding the day for when there is not one,
also a night for when there is one,
(they express it this way in Peru—please excuse me);
the same way, I suffer with great care,
for not crying or screaming, still the eyes

poseen, independientemente de uno, sus pobrezas,
quiero decir, su oficio, algo
que resbala del alma y cae al alma.

Habiendo atravesado
quince años; después, quince, y, antes, quince,

uno se siente, en realidad, tontillo,
es natural, por lo demás ¡qué hacer!
¿Y qué dejar de hacer, que es lo peor?
Sino vivir, sino llegar
a ser lo que es uno entre millones
de panes, entre miles de vinos, entre cientos de bocas,
entre el sol y su rayo que es de luna
y entre la misa, el pan, el vino y mi alma.

Hoy es domingo y, por eso,
me viene a la cabeza la idea, al pecho el llanto
y a la garganta, así como un gran bulto.
Hoy es domingo, y esto
tiene muchos siglos; de otra manera,
sería, quizá, lunes, y vendríame al corazón la idea,
al seso, el llanto
y a la garganta, una gana espantosa de ahogar
lo que ahora siento,
como un hombre que soy y que he sufrido.

21 noviembre 1937

independent of each other, possess your needs,
I mean, your function, something
that slips from the soul and the soul falls.

Having been through
fifteen years; fifteen before and fifteen after,

actually, one feels silly,
it's natural, but in vain, what can I do!
And what if I stopped doing, which is worse!
But to live, but to come into being,
what is one in a million
of breads, between thousands of wines, between hundreds of mouths,
between the sun and its ray that comes from the moon
and between the mass, the bread, the wine and my soul.

Today is Sunday and for that reason
an idea comes to my head, to my breast, a cry
and to my throat like a great tumor.
Today is Sunday and this
has many centuries; otherwise
it could be, Monday, perhaps, and the idea should come to my heart,
to the brain, and the weeping
and to the throat, a dreadful appetite to drown
what I feel now
as the man that I am and that which I've suffered.

21 November 1937

Otro poco de calma, camarada

Otro poco de calma, camarada;
un mucho inmenso, septentrional, completo,
feroz, de calma chica,
al servicio menor de cada triunfo
y en la audaz servidumbre del fracaso.

Embriaguez te sobra, y no hay
tanta locura en la razón, como este
tu raciocinio muscular, y no hay
más racional error que tu experiencia.

Pero, hablando más claro
y pensándolo en oro, eres de acero,
a condición que no seas
tonto y rehuses
entusiasmarte por la muerte tánto
y por la vida, con tu sola tumba.

Necesario es que sepas
contener tu volumen sin correr, sin afligirte,
tu realidad molecular entera
y más allá, la marcha de tus vivas
y más acá, tus mueras legendarios.

Eres de acero, como dicen,
con tal que no tiembles y no vayas
a reventar, compadre
de mi cálculo, enfático ahijado
de mis sales luminosas!

Another Bit of Calm, Comrade

Another bit of calm, comrade;
a very immense, septentrional, complete,
ferocious, by the little calm,
to the minor service of each triumph
and in the fearless servitude of failure.

You have excess rapture, and there's not
as much madness in the mind as in
your muscular rationality, and there's not
nothing more erroneously rational than your experience.

But speaking more clearly
and thinking it in gold you are steel
on condition you're not
a fool and refuse
to be enthusiastic for death so much
and for the life, with only your tomb.

It's necessary that you know how
to contain your volume, without running, without grieving
your entire molecular reality
and beyond that, the march of your life
and near here, your legends die.

You're made of steel, as they say,
as long as you don't tremble and don't
explode, godfather
of my calculation, emphatic godson
of my luminous salts!

Anda, no más; resuelve,
considera tu crisis, suma, sigue,
tájala, bájala, ájala;
el destino, las energías íntimas, los catorce
versículos del pan: ¡cuántos diplomas
y poderes, al borde fehaciente de tu arranque!
¡Cuánto detalle en síntesis, contigo!
¡Cuánta presión idéntica, a tus pies!
¡Cuánto rigor y cuánto patrocinio!

Es idiota
ese método de padecimiento,
esa luz modulada y virulenta,
si con sólo la calma haces señales
serias, características, fatales.

Vamos a ver, hombre;
cuéntame lo que me pasa,
que yo, aunque grite, estoy siempre a tus órdenes.

28 noviembre 1937

Go right ahead; resolve,
consider your crisis, sum it up, continue,
trim it, diminish it, crumple it up;
the destiny, the intimate energies, the fourteen
verses of bread: how many diplomas
and powers, to the authentic brink of your passion!
How many details in synthesis you're made of!
How much identical pressure at your feet!
How much rigor, and how much protection!

It's idiotic
this method of enduring,
that modulated and virulent light,
in which you alone calmly make serious
signs, characteristically fatal.

Let's see, man;
let me know what's happening to me, in spite of my gripe,
I enact your strict orders.

28 November 1937

César Vallejo

Photo: Juan Larrea Collection/Archives Malanga

from

España, Aparta De Mí Este Cáliz

September, October, November 1937

I
Himno a los voluntarios de la República

Voluntario de España, miliciano
de huesos fidedignos, cuando marcha a morir tu corazón,
cuando marcha a matar con su agonía
mundial, no sé verdaderamente
qué hacer, dónde ponerme; corro, escribo, aplaudo,
lloro, atisbo, destrozo, apagan, digo
a mi pecho que acabe, al que bien, que venga,
y quiero desgraciarme;
descúbrome la frente impersonal hasta tocar
el vaso de la sangre, me detengo,
detienen mi tamaño esas famosas caídas de arquitecto
con las que se honra el animal que me honra;
refluyen mis instintos a sus sogas,
humea ante mi tumba la alegría
y, otra vez, sin saber qué hacer, sin nada, déjame,
desde mi piedra en blanco, déjame,
solo,
cuadrumano, más acá, mucho más lejos,
al no caber entre mis manos tu largo rato extático,
quiebro con tu rapidez de doble filo
mi pequeñez en traje de grandeza!

Un día diurno, claro, atento, fértil
¡oh bienio, el de los lóbregos semestres suplicantes,
por el que iba la pólvora mordiéndose los codos!
¡oh dura pena y más duros pedernales!
¡oh frenos los tascados por el pueblo!
Un día prendió el pueblo su fósforo cautivo, oró de cólera
y soberanamente pleno, circular,
cerró su natalicio con manos electivas;
arrastraban candado ya los déspotas
y en el candado, sus bacterias muertas . . .
¿Batallas? ¡No! Pasiones. Y pasiones precedidas
de dolores con rejas de esperanzas,

I
Hymn to the Volunteers of the Republic

Volunteer for Spain, militant hero,
your reliable bones, when your heart marches to die,
when it marches to kill with its global agony,
I truly don't know
what to do, where to stand; I make room, write, applaud,
cry, scrutinize, shatter, extinguish things, I say
to my heart that it's over, to the good that comes,
and I try to disgrace myself;
uncover my impersonal forehead till I touch
this vessel of blood, restrain myself,
my size obstructed by the famous architect's decline,
through which the animal honoring me, honors itself;
my instincts flow back to their ropes,
joy smokes before my tomb,
and again, without knowing what to do, without anything, leave me,
from my white stone, leave me
alone,
a hunched-over human, closer, much further off,
unable to hold in my hands your ecstasy,
with your cutting-edge swiftness, I offer my humble self
costumed in greatness against your double-edged speed!

One intent, clear and fertile day
Oh biennale, you of the lugubrious and supplicant half-years,
through which gunpowder went biting its elbows!
Oh bitter pain, and splintered rock more bitter still!
Oh bits clenched in the people's teeth!
Oh day in their captive match, prayed in fury
and sovereignty, fulfilled and circular,
their birthright shut with the hands of choice;
the despots who drag their padlocks,
and in the padlocks, their dead bacterias . . .
Battles? No! Passions! And passions preceded
by sorrows with grids of hopes,

de dolores de pueblos con esperanzas de hombres!
¡Muerte y pasión de paz, las populares!
¡Muerte y pasión guerreras entre olivos, entendámonos!
Tal en tu aliento cambian de agujas atmosféricas los vientos
y de llave las tumbas en tu pecho,
tu frontal elevándose a primera potencia de martirio.

El mundo exclama: «¡Cosas de españoles!» Y es verdad.
    Consideremos,
durante una balanza, a quemarropa,
a Calderón, dormido sobre la cola de un anfibio muerto
o a Cervantes, diciendo: «Mi reino es de este mundo, pero
también del otro»: ¡punta y filo en dos papeles!
Contemplemos a Goya, de hinojos y rezando ante un espejo,
a Coll, el paladín en cuyo asalto cartesiano
tuvo un sudor de nube el paso llano
o a Quevedo, ese abuelo instantáneo de los dinamiteros
o a Cajal, devorado por su pequeño infinito, o todavía
a Teresa, mujer que muere porque no muere
o a Lina Odena, en pugna en más de un punto con Teresa . . .
(Todo acto o voz genial viene del pueblo
y va hacia él, de frente o transmitidos
por incesantes briznas, por el humo rosado
de amargas contraseñas sin fortuna)
Así tu criatura, miliciano, así tu exangüe criatura,
agitada por una piedra inmóvil,
se sacrifica, apártase,
decae para arriba y por su llama incombustible sube,
sube hasta los débiles,
distribuyendo españas a los toros,
toros a las palomas . . .

by sorrows common with the hopes of men!
death and passion for peace, the populace!
death and passion at war among the olive groves, let's understand
    each other!
As in your breath the winds change their atmospheric needle,
and in your breast, tombs exchanging keys,
your frontal bone rising itself to the first kingdom of martyrdom.

The world exclaims: "These are Spanish matters!" And it's true.
        Consider,
during a balance, point-blank,
Calderon, asleep on the tail of a dead amphibian,
or Cervantes, saying: "My kingdom is of this world, but
also of the next": the sword's point and edge on two bits of paper!
Contemplate Goya kneeling in prayer before a mirror,
Coll, the paladin in whose Cartesian assault
one could see his easy step had the sweat of the clouds walking slowly,
or Quevedo, that instantaneous grandfather of the dynamitens,
or Cajal, devoured by his infinite smallness, or still
Teresa, woman, dying because she doesn't die,
or Lina Odena, conflicted on more than one point with Teresa . . .
(Every act or cheerful voice comes from the people,
and goes back toward them,
directly or conveyed
by incessant fragments, by the pink smoke
of bitter passwords which failed.)
So your child, civilian fighter, your bloodless child,
stirred by a motionless stone,
sacrifices itself, vanishes,
falls away upward and through its incombustible flame rises,
climbs to the weak,
giving Spains to the bulls,
bulls to the doves . . .

Proletario que mueres de universo, ¡en qué frenética armonía
acabará tu grandeza, tu miseria, tu vorágine impelente,
tu violencia metódica, tu caos teórico y práctico, tu gana
dantesca, españolísima, de amar, aunque sea a traición,
  a tu enemigo!
¡Liberador ceñido de grilletes,
sin cuyo esfuerzo hasta hoy continuaría sin asas la extensión,
vagarían acéfalos los clavos,
antiguo, lento, colorado, el día,
nuestros amados cascos, insepultos!
¡Campesino caído con tu verde follaje por el hombre,

con la inflexión social de tu meñique,
con tu buey que se queda, con tu física,
también con tu palabra atada a un palo
y tu cielo arrendado
y con la arcilla inserta en tu cansancio
y la que estaba en tu uña, caminando!
¡Constructores
agrícolas, civiles y guerreros,
de la activa, hormigueante eternidad: estaba escrito
que vosotros haríais la luz, entornando
con la muerte vuestros ojos;
que, a la caída cruel de vuestras bocas,
vendrá en siete bandejas la abundancia, todo
en el mundo será de oro súbito
y el oro,
fabulosos mendigos de vuestra propia secreción de sangre,
y el oro mismo será entonces de oro!

¡Se amarán todos los hombres
y comerán tomados de las puntas de vuestros pañuelos tristes
y beberán en nombre
de vuestras gargantas infaustas!

The universal dying of the proletarian in what frenetic harmony
will be ended your greatness, your misery, your propelling whirlwind,
your methodical violence, your practical and theoretical chaos,
your Dantesque and very Spanish desire of loving your enemy, even so
betraying him!
Liberator girded with shackles,
without whose effort the unholdable extensions would continue till
this very day,
nails would wander headless,
ancient, slow, flushed, the day
our beloved helmets unburied!
farmer falling with your green leafage for the man,
with the social inflection of your little finger,
with your ox standing with his heels dug in,

also with your word lashed to a pole,
and your rented sky
and with the day driven into your fatigue
and caught under your nails marching!
Builders,
farmers, civilians, and soldiers
of active teeming eternity; it was written
that you would make light, shielding
your eyes with the death;
that, in the cruel fall of your mouths,
abundance would come on seven platters, everything
in the world would be suddenly turned into gold,
and the gold,
fabulous beggars of your own secretion of blood,
so the gold would at that time be of gold!

All men will love each other
and will eat together from the corners of your sad handkerchief
and will drink together in the name
of your accursed throats!

Descansarán andando al pie de esta carrera,
sollozarán pensando en vuestras órbitas, venturosos
serán y al son
de vuestro atroz retorno, florecido, innato,
ajustarán mañana sus quehaceres, sus figuras soñadas y cantadas!
¡Unos mismos zapatos irán bien al que asciende
sin vías a su cuerpo
y al que baja hasta la forma de su alma!
¡Entrelazándose hablarán los mudos, los tullidos andarán!
¡Verán, ya de regreso, los ciegos
y palpitando escucharán los sordos!
¡Sabrán los ignorantes, ignorarán los sabios!
¡Serán dados los besos que no pudisteis dar!
¡Sólo la muerte morirá! ¡La hormiga
traerá pedacitos de pan al elefante encadenado
a su brutal delicadeza; volverán
los niños abortados a nacer perfectos, espaciales
y trabajarán todos los hombres,

engendrarán todos los hombres,
comprenderán todos los hombres!

¡Obrero, salvador, redentor nuestro,
perdónanos, hermano, nuestras deudas!
Como dice un tambor al redoblar, en sus adagios:
qué jamás tan efímero, tu espalda!
qué siempre tan cambiante, tu perfil!

¡Voluntario italiano, entre cuyos animales de batalla
un león abisinio va cojeando!
¡Voluntario soviético, marchando a la cabeza de tu pecho universal!
¡Voluntarios del sur, del norte, del oriente
y tú, el occidental, cerrando el canto fúnebre del alba!
¡Soldado conocido, cuyo nombre
desfila en el sonido de un abrazo!
¡Combatiente que la tierra criara, armándote
de polvo,

They will take a rest from this run walking to the foot,
they will weep thinking of your orbits, they will be fortunate
in and to the sound
of your atrocious return, blooming, innate,
they will settle up their affairs of the day, their dreamed
and sung figures!
The same shoes will fit the man who ascends
without roads to his body
and to that man who climbs down to the form of his soul!
Embracing, the dumb will speak, the cripple will walk!
Returning, the blind will see,
and the deaf palpitating will hear!
The ignorant will be wise and the wise will be ignorant!
Kisses that could not be given are given!
Only death will die! The ant
will bring crumbs of bread to the elephant shackled
to his brutal delicacy;
the aborted children will be born again perfect, spatial,
and all men will toil,
all men will bear fruit,
all men will embrace once again!

Workman, savior, our redeemer,
brother, forgive us our trespasses!
As the drum rolls in its adagios;
"So that your back never be so ephemeral!
That ever so changing, your profile!"

Italian volunteer, among whose animals of battle
the Abyssinian lion is limping!
Soviet volunteer, marching at the head of your universal chest!
Volunteers from the south, from the north, from the east,
and you, western man, closing the funereal song of the dawn!
Known soldier, whose name marches in the sound of an embrace!
Warrior raised by the earth, arming yourself
with dust,

calzándote de imanes positivos,
vigentes tus creencias personales,
distinto de carácter, íntima tu férula,
el cutis inmediato,
andándote tu idioma por los hombros
y el alma coronada de guijarros!
¡Voluntario fajado de tu zona fría,
templada o tórrida,
héroes a la redonda,
víctima en columna de vencedores:
en España, en Madrid, están llamando
a matar, voluntarios de la vida!

¡Porque en España matan, otros matan
al niño, a su juguete que se para,
a la madre Rosenda esplendorosa,
al viejo Adán que hablaba en alta voz con su caballo
y al perro que dormía en la escalera.
Matan al libro, tiran a sus verbos auxiliares,
a su indefensa página primera!
Matan el caso exacto de la estatua,
al sabio, a su bastón, a su colega,

al barbero de al lado—me cortó posiblemente,
pero buen hombre y, luego, infortunado;
al mendigo que ayer cantaba enfrente,
a la enfermera que hoy pasó llorando,
al sacerdote a cuestas con la altura tenaz de sus rodillas . . .

¡Voluntarios,
por la vida, por los buenos, matad
a la muerte, matad a los malos!
¡Hacedlo por la libertad de todos,
del explotado, del explotador,
por la paz indolora—la sospecho

shod with positive magnets,
your personal beliefs in force,
your character different, your intimate ferule,
complexion immediate,
your language put on your shoulders,
and your soul crowned with pebbles!
Volunteer swathed in your cold,
temperate, or torrid zone,
heroes all around,
victim in a column of conquerors;
in Spain, in Madrid, you are called
to kill. Volunteers in the service of life!

Because they kill in Spain, others kill
the boy, and his toy, which comes to a stop,
the resplendent mother Rosenda,
the old Adam who talked aloud to his horse,
and to the dog that used to sleep on the stairs.
They kill the book, fire on its auxiliary verbs,
at its defenseless first page!
They kill the exact case of the statue,
the wise man, his stick, his colleague,
the barber next door—all right he might have possibly cut me,
but he was a good man, and, soon, an unfortunate one,
the beggar who yesterday was singing opposite,
the nurse who today passed crying,
the priest staggering under the stubborn height of his knees . . .

Volunteers,
for life, for the good ones, kill
death, kill the evil ones.
Do it for the freedom of all,
for the exploited and the exploiter,
for painless peace—I sense it

cuando duermo al pie de mi frente
y más cuando circulo dando voces—
y hacedlo, voy diciendo,
por el analfabeto a quien escribo,
por el genio descalzo y su cordero,
por los camaradas caídos,
sus cenizas abrazadas al cadáver de un camino!

Para que vosotros,
voluntarios de España y del mundo, vinierais,
soñé que era yo bueno, y era para ver
vuestra sangre, voluntarios . . .
De esto hace mucho pecho, muchas ansias,
muchos camellos en edad de orar.
Marcha hoy de vuestra parte el bien ardiendo,
os siguen con cariño los reptiles de pestaña inmanente
y, a dos pasos, a uno,
la dirección del agua que corre a ver su límite antes que arda.

when I sleep at the foot of my forehead
and more when I run shouting—
and I do it, I keep saying to you,
for the illiterate to whom I write,
for the barefoot genius with his flocks,
for the fallen comrades,
their ashes embracing the corpse on the road!

That you
volunteers for Spain and for the world, should come,
I dreamed that I was good, and that I should see
your blood, volunteers!
It's a long heart's time since many griefs and
camels of an age came to pray.
Today the good, burning, marches on your side,
and the reptiles of immanent eyelids follow you with love
and two steps behind, one step away,
the direction of water rushing to see its limit before burning away.

III
Solía escribir con su dedo grande en el aire

Solía escribir con su dedo grande en el aire:
«¡Viban los compañeros! Pedro Rojas»,
de Miranda de Ebro, padre y hombre,
marido y hombre, ferroviario y hombre,
padre y más hombre, Pedro y sus dos muertes.

Papel de viento, lo han matado: ¡pasa!
Pluma de carne, lo han matado: ¡pasa!
¡Abisa a todos compañeros pronto!

Palo en el que han colgado su madero,
lo han matado;
¡lo han matado al pie de su dedo grande!
¡Han matado, a la vez, a Pedro, a Rojas!

¡Viban los compañeros
a la cabecera de su aire escrito!
¡Viban con esta b del buitre en las entrañas
de Pedro
y de Rojas, del héroe y del mártir!

Registrándole, muerto, sorprendiéronle
en su cuerpo un gran cuerpo, para
el alma del mundo,
y en la chaqueta una cuchara muerta.

Pedro también solía comer
entre las criaturas de su carne, asear, pintar
la mesa y vivir dulcemente
en representación de todo el mundo.

III
With His Index Finger He Writes on the Air

With his index finger he writes on the air:
"Long live the comrades! Pedro Rojas,"
from Miranda del Ebro, father and man,
husband and man. Pedro and his two deaths.

Paper of wind, they killed him: it's gone!
Feather of flesh, they killed him: it's gone!
Inform all comrades hurry up!

Pole on which they hung his piece of wood,
they've killed him;
they've killed him to the base of his thumb!
they killed, at one, Pedro and Rojas!

Long live the comrades
at the head of his writing in air!
Long live the V of the vulture in the guts
of Pedro
and of Rojas, of the hero and martyr!

After his death they opened him up
down the middle finding within him a body big enough
to hold the soul of the world,
and in his coat pocket a dead spoon.

Pedro also used to eat
among the creatures of his flesh, to clean and
paint the table and living softly
in representation of all the world.

Y esta cuchara anduvo en su chaqueta,
despierto o bien cuando dormía, siempre,
cuchara muerta viva, ella y sus símbolos.
¡Abisa a todos compañeros pronto!
¡Viban los compañeros al pie de esta cuchara para siempre!

Lo han matado, obligándole a morir
a Pedro, a Rojas, al obrero, al hombre, a aquél
que nació muy niñín, mirando al cielo,
y que luego creció, se puso rojo
y luchó con sus células, sus nos, sus todavías, sus hambres,
   sus pedazos.
Lo han matado suavemente
entre el cabello de su mujer, la Juana Vásquez,
a la hora del fuego, al año del balazo
y cuando andaba cerca ya de todo.

Pedro Rojas, así, después de muerto,
se levantó, besó su catafalco ensangrentado,
lloró por España .
y volvió a escribir con el dedo en el aire:
«¡Viban los compañeros! Pedro Rojas.»

Su cadáver estaba lleno de mundo.

And this spoon walked always in his coat,
awake or asleep, always, at all times,
that spoon with its living death, and her symbols.
Inform all comrades at once!
Long live the comrades at the foot of this spoon forever and ever!

They killed him, forced him to die,
Pedro, Rojas, the worker, the man, the one
who was once a child looking up toward the sky,
and then he grew up, turning red,
and fought with his cells, his no, his yet, his hungers, his pieces.
They've killed him sweetly
between the hair of his wife, the Juana Vasquez,
in the hour of fire, at the year of the bullet,
and just when he was getting close to all.

Pedro Rojas, after his death,
raised himself up, kissed his bloodstained coffin,
he wept for Spain,
and wrote with his finger on the air!
"Long live the comrades! Pedro Rojas."

His corpse was full of the world.

IX
Pequeño responso a un héroe de la república

Un libro quedó al borde de su cintura muerta,
un libro retoñaba de su cadáver muerto.
Se llevaron al héroe,
y corpórea y aciaga entró su boca en nuestro aliento;
sudamos todos, el ombligo a cuestas;
caminantes las lunas nos seguían;
también sudaba de tristeza el muerto.

Y un libro, en la batalla de Toledo,
un libro, atrás un libro, arriba un libro, retoñaba del cadáver.

Poesía del pómulo morado, entre el decirlo
y el callarlo,
poesía en la carta moral que acompañara
a su corazón.
Quedóse el libro y nada más, que no hay
insectos en la tumba,
y quedó al borde de su manga el aire remojándose
y haciéndose gaseoso, infinito.

Todos sudamos, el ombligo a cuestas,
también sudaba de tristeza el muerto
y un libro, yo lo vi sentidamente,
un libro, atrás un libro, arriba un libro
retoñó del cadáver ex abrupto.

10 setiembre 1937

IX
A Brief Funeral Prayer for a Hero of the Republic

A book at the edge of his dead waist,
a book sprouting from this corpse.
They took the hero away,
and his corporeal and sad mouth entered in our courage;
we all sweat, our navel a burden,
the wandering moons follow us;
the dead man, too, sweats from grief.

And a book, at the Battle of Toledo,
a book, behind a book, above a book, a book nevertheless,
was sprouting from the corpse.

Poetry of the purple cheekbones, between speaking or
remaining silent,
poetry in the moral letter accompanying
his heart.
The book remains, and nothing else
that there are no insects in the tomb,
and remains at the edge of his sleeve, the air soaking itself
and becoming gaseous, infinite.

All of us sweat, the navel on shoulders,
the dead man also sweating of sadness
and the book, I, myself, see it regretfully,
a book, behind a book, above a book,
sprouts from this corpse abruptly.

10 September 1937

XII
Masa

Al fin de la batalla,
y muerto el combatiente, vino hacia él un hombre
y le dijo: «¡No mueras, te amo tanto!»
Pero el cadáver ¡ay! siguió muriendo.

Se le acercaron dos y repitiéronle:
«¡No nos dejes! ¡Valor! ¡Vuelve a la vida!»
Pero el cadáver ¡ay! siguió muriendo.

Acudieron a él veinte, cien, mil, quinientos mil,
clamando «¡Tanto amor y no poder nada contra la muerte!»
Pero el cadáver ¡ay! siguió muriendo.

Le rodearon millones de individuos,
con un ruego común: «¡Quédate hermano!»
Pero el cadáver ¡ay! siguió muriendo.

Entonces todos los hombres de la tierra
le rodearon; les vio el cadáver triste, emocionado;
incorporóse lentamente,
abrazó al primer hombre; echóse a andar . . .

10 noviembre 1937

XII
Mass

At the end of the battle,
and dead the fighter a man came up to him
and said: "Don't die, I love you so much!"
But the corpse alas! Went on dying.

Two more men came to him and whispered repeatedly:
"Don't leave us! Courage! Return to life!"
But the corpse alas! Went on dying.

Then came twenty more, one hundred, one thousand, five thousand
claiming: "So much love, and to be powerless against death!"
But the corpse alas! Went on dying.

Millions of individuals surrounded him
with a common prayer: "Stay, brother!"
But the corpse alas! Went on dying.

Then, all the men of the earth
surrounded him; the corpse gazing up at the crowd, sadly,
deeply moved, he raised up slowly,
and put his arms around the first man who spoke, and began to walk . . .

10 November 1937

XV
España, aparta de mí este cáliz

Niños del mundo,
si cae España—digo, es un decir—
si cae
del cielo abajo su antebrazo que asen,
en cabestro, dos láminas terrestres;
niños, ¡qué edad la de las sienes cóncavas!
¡qué temprano en el sol lo que os decía!
¡qué pronto en vuestro pecho el ruido anciano!
¡qué viejo vuestro 2 en el cuaderno!

¡Niños del mundo, está
la madre España con su vientre a cuestas;
está nuestra madre con sus férulas,
está madre y maestra,
cruz y madera, porque os dio la altura,
vértigo y división y suma, niños;
está con ella, padres procesales!

Si cae—digo, es un decir—si cae
España, de la tierra para abajo,
niños ¡cómo vais a cesar de crecer!
¡cómo va a castigar el año al mes!
¡cómo van a quedarse en diez los dientes,
en palote el diptongo, la medalla en llanto!
¡Cómo va el corderillo a continuar
atado por la pata al gran tintero!
¡Cómo vais a bajar las gradas del alfabeto
hasta la letra en que nació la pena!

XV
Spain, Take This Cup from Me

Children of the world
if Spain falls—I say, if it should happen—
if they tear down from the sky
line her forearm, held in a sling
shot by two terrestrial rings;
children, how old the hollow temples!
How premature in the sun what was spoken to you!
How soon in your chest the ancient outcry!
How old the numeral 2 in your notebook!

Children of the world, this
Mother Spain is with her belly lying down,
our school teacher with her authority,
our mother and teacher,
cross and wood, taking you to the heights!
dizziness and division and addition, children;
while her elders stood to accuse!

If she falls—I say, if it should happen this way—if
from the earth to the lowest depths,
children, you will be stunted in the prime of your youth!
How the year will punish the month!
How will you remain with your ire in ten to those teeth,
In the drumstick, the diphthong, the medallions in tears!
How the little lamb stays
with its foot tied to the big inkstand!
How will you descend from the stone steps of the alphabet
until you reach the letter where suffering is born?

Niños,
hijos de los guerreros, entre tanto,
bajad la voz que España está ahora mismo repartiendo
la energía entre el reino animal,
las florecillas, los cometas y los hombres.
¡Bajad la voz, que está
en su rigor, que es grande, sin saber
qué hacer, y está en su mano
la calavera, aquella de la trenza;
la calavera, aquella de la vida!

¡Bajad la voz, os digo;
bajad la voz, el canto de las sílabas, el llanto
de la materia y el rumor menos de las pirámides, y aun
el de las sienes que andan con dos piedras!
¡Bajad el aliento, y si
el antebrazo baja,
si las férulas suenan, si es la noche,
si el cielo cabe en dos limbos terrestres,
si hay ruido en el sonido de las puertas,
si tardo,
si no veis a nadie, si os asustan
los lápices sin punta, si la madre
España cae—digo, es un decir—
salid, niños, del mundo; id a buscarla! . . .

Children,
offspring of warriors, meanwhile
lower your voice, Spain is distributing right now
energy among the animal kingdom,
the little flowers, the comets, and man.
Lower your voice, because she is
with her vigor that's great without knowing
what to do, holds in her hand
the skull, that speaks and speaks and speaks,
the skull, with braids of hair,
the skull, that one of the living!

Lower your voice, I tell you;
lower your voice, the song of the syllables, the wailing
of the subject matter and the lesser sounds of the pyramids, and even
of the temples which throb like the rubbing of two stones!
Lower the breath, and if
the forearm drops dead
to its side, if the splints sleep, if it is night,
if the sky fits into two terrestrial limbos
that can never be closed,
if there are creakings in the threshold sounds,
if I am late,
if sooner or later no one is seen on the streets, if you're frightened
those pencils without nibs, if the mother
Spain falls—I repeat, just supposing it happens—
go forth, children, of the world; and go out to find her! . . .

Top: César Vallejo in Paris
Bottom: César Vallejo drawing used on Peruvian currency

Photos: Juan Larrea Collection/Archives Malanga

Closing Poem

by Gerard Malanga

Tranlated from the original English by
Patricia Daniela Alverte

Visión 1938 Paris

En la muy transitada Saint Germain-des-Prés, no muy lejos
del Café Flore, vi a un hombre en un viejo sobretodo
el cual era más que un simple abrigo para su cuerpo,
era parte del hombre en sí.
Había sufrido con él.
Era como de un parduzco cuero gastado.
El hombre no estaba quieto ni tampoco caminando.
Mientras caminaba permanecía quieto,
y mientras permanecía quieto avanzaba un poco.
Su rostro era apacible y fresco, pero desde su frente
y mejillas, arrugas se abarrotaban en su cara.
Sus ojos miraban por encima de todo con lo que se topaban,
y sin embargo ellos estaban esperando. Cerca de la mano
el brazo izquierdo colgaba pegado al cuerpo,
como si el cuerpo no dejara ir al brazo,
y aun así mantenía su mano ligeramente extendida.
Puse una nota sobre ella, y en ese momento no supe,
si la mano regresó hacia el hombre,
y si había puesto la nota en su bolsillo,
o si la mano se movió,
buscando otra mano. Este hombre
estaba viviendo entre el dar y el recibir,
entre distancia y cercanía,
entre vejez y juventud.
Pasaron unos pocos días. Pasé a buscar a este hombre;
pero el conserje del edificio
donde vivía en un cuarto pequeño,
me dijo que había fallecido unos pocos días antes;
el 15 de Abril, Buen Viernes.
La causa de la muerte nuca fue determinada;
pero finalmente hoy recordé a este hombre. Él se sienta
a la mesa justo a la izquierda de la entrada dentro del Flore,
y como un niño me sentaría con él por horas.

Gerard Malanga
29:IV:71 NYC

Vision 1938 Paris

In the very busy Saint Germain-des-Près, not too distant
from the Café Flore, I saw a man in an old suit
that was more than merely a covering for his body,
it was part of the man himself.
It had suffered with him.
It was like a brownish grazed skin.
The man was not standing and was not walking.
As he walked he stood still,
and as he stood still he moved forward a little.
His face was gentle and rosy, but from his forehead
and cheeks furrows crowded into his face.
His eyes looked out high above everything they met,
and yet they were waiting. From near at hand
the left arm was held close to the body,
as if the body wouldn't let go of the arm,
and yet he held his hand stretched out slightly.
I put a note into it, and then I didn't know,
whether the hand went back to the man,
and whether he put the note in his pocket,
or did the hand move on out,
seeking for another hand. This man
was living in the center between giving and taking,
between distance and nearness,
between old age and youth.
A few days passed. I went to call on this man;
but the concierge at the building
where he lived in one small room,
told me that he had died only a few days previous;
on April 15th, Good Friday.
The cause of death was never determined;
but at last today I remembered this man. He sits
at a table just to the left of the doorway inside the Flore,
and as a boy I would sit with him for hours.

Gerard Malanga
29:IV:71 NYC

Gerard Malanga reading his César Vallejo translations at the Vallejo burial plot, Cimetiere du Montparnasse/12th Division, Paris. Mid-November, 1992

The Letters

from Georgette Vallejo
to Gerard Malanga

Translated from the original Spanish by
Patricia Daniela Alverte

3/12/71

Distinguido señor Malanga:

Me sorprende no haber recibido respuesta a mi última carta.

Si Ud. hubiera renunciado a su proyecto, le agradecería informarme de ello.

Le recuerdo que no puede haber publicación de su versión al inglés de poemas de Vallejo sin establecer previamente un contrato de edición con un editor que estipula y certifique la autoriazción que Ud. solicitó. Espero recibir pronto noticias suyas acerca de este punto. En esta espera, distinguido señor Malanga, le mando mis atentos saludos y mis votos por este Año Nuevo, ya tan próximo.

G. Vallejo

georgette de vallejo

5241-301 A. Arequipa
Miraflores

LIMA/PERU.

3/12/71

Distinguished Mr. Malanga:

I'm surprised not having received an answer to my last letter.

If you had given up your project, I would appreciate it you letting me know about it.

I remind you that there can be no publishing of your English version of Vallejo's poems without previously establishing an editing contract with a publisher who states and certifies the authorization that you requested. I hope to receive news from you soon about this matter.

In this waiting, distinguished Mr. Malanga, I send you my more cordial greetings and my vows for this so near New Year.

Georgette de Vallejo
5241-301 A. Arequipa
Miraflores
LIMA/PERU.

Lima, 9/2/1971

Muy estimado señor y amigo:

Le suplico perdonar un silencio que tiene, con toda razón, que parecerle inexplicable.

Por desgracia, vivo (si esto se llama vivir) desde 19 años en "Lima la horrible" (el gran poeta César Moro así se expresaba de esta ciudad que se pretende una capital), en la que uno sufre depresión tras depresión, hasta volverse anormal.

Apenas recibidas, leí sus hermosas traducciones de poeta auténtico. Iba a contestarle inmediatamente, pero una cosa me retuvo: a veces, su versión se aleja realmente del original...

En el acto, copié —como Ud. ve— el texto español al lado mismo de su versión al inglés para facilitar la confrontación, y llamé a un amigo muy conocedor de su idioma. En vano, esperé más de dos meses su llamada telefónica... (todos los limeños son detestables en algún aspecto).

Otro amigo, ..., norteamericano nacido en América Latina, irreemplazable para el caso, estaba por entonces enfermo: asma, úlceras y otras cosas no menos graves. Sin embargo, viendo transcurrir el tiempo, me decidí a llevarle sus trabajos. Nos hemos reunido este último sábado. Nuestras opiniones coinciden. Le mando los 14 primeros poemas (cronológicamente) para que Ud. vea algunas modificaciones (imprescindibles en ciertos casos)... Ud. verá. Seguimos leyendo.

Me sorprende no encontrar nada de "Poemas en Prosa" en su selección (entre otros: "El buen sentido", "Lánguidamente su licor", "Voy a hablar de la esperanza...", "Hallazgo de la vida"). Siento de igual modo la ausencia total de fragmentos del "Himno a los voluntarios de la República" y "Batallas", y de "Imagen española de la muerte".

Quisiera que su selección, no sólo por su excepcional calidad, sino también por su amplitud, haga olvidar las horrendas y triviales traducciones de este .... No puede nadie sospechar qué golpe ha sido para mí. Es un cáncer.

Quisiera proponerle algo. ...., que había proyectado traducir POEMAS HUMANOS, tiene lista la versión inglesa de 25 poemas de este tomo (otros, por supuesto, que los que integran su selección). Su salud le obligó a abandonar su proyecto. Vería Ud. inconveniente que su libro abarcara una segunda parte al final incluyendo dichos poemas? Me agradecería infinitamente que Ud. aceptara —ya que Ud. queda, de toda evidencia, el autor principal, la "vedette" si se puede decir de su publicación.

En la espera de leer su próxima carta y reiterándole mis sinceras excusas, reciba, muy estimado Malanga, mis más atentos saludos.

5241-301 A.Arequipa
Miraflores - LIMA/PERU.

Lima, 9/2/71
Very dear sir and friend:

I beg you to forgive a silence which must rightfully seem to you inexplicable. Unfortunately, I live (if this can be called living) since 19 years in "Horrible Lima " (how the great poet César Moro used to name this city that pretends to be a capitol), a city where one suffer depression after depression until one becomes abnormal.

As soon as received, I read your authentic poet's translations. I was going to reply to you immediately, but one thing held me back: sometimes, your version is really far from the original . . .

Right away, I copied—as you can see—the Spanish text right next to your English version to facilitate the confrontation, and I called a friend of mine who knows a lot about your language. But in vain, I waited for his telephone call over two months . . . (all limeños are despicable in some aspect).

Another friend of mine, [. . . . .], an American born in Latin America, irreplaceable for this case, was sick back then :asthma, ulcers and other things not less severe. However, as time went by, I decided to bring him your work . We got together this past Saturday. Our opinions match. I send you the first fourteen poems (chronologically) so you can see some modifications (essential in some cases) . . . You'll see. We keep reading.

I'm surprised not to find anything from "Prose Poems"[1] in your selection (among others: "The good sense"[2] "Languidly his liquor"[3], "I will speak of hope . . . "[4], "Finding of life"[5]). I feel the same way about the total absence of fragments from "Hymn to the Republic Volunteers"[6] and "Battles"[7], and from "Spanish image of death"[8].

I wish your selection, not just for its exceptional quality, but also for its amplitude, will make forget the horrendous and trivial translations of this [. . . . .]. No one can suspect what kind of a blow has been for me. It's a cancer.

I would like to propose something to you. [. . . . .], who had projected to translate HUMAN POEMS, has his English version of 25 poems of this volume ready (of course different of those included on your selection). His health forced him to leave his project. Would you have any inconveniences in your book having a second part in the end which includes these poems? I would be infinitely grateful if you would agree—since you would evidently be the main author, the "star" so to speak, of your publication.

Waiting to read your next letter and reiterating my most sincere apologies, please receive, my much estimated Malanga, my most sincere regards.

5241-301 A. Arequipa
Miraflores-LIMA/PERU

Los poemas son estos:

- La voz del espejo (HN)
- Estáis muertos (Trilce)
- He aquí que hoy saludo... (P. en P.)
- Sombrero, abrigo, guantes... (PH)
- Confianza en el anteojo...
- Al cavilar en la vida...
- Los nueve monstruos
- Guitarra
- Va corriendo...
- Un pilar soportando consuelos...
- Panteón
- Acaba de pasar...
- Palmas y guitarra
- !Y si después de tántas palabras...
- Despedida recordando un adiós
- !Oh botella sin vino!...
- Escarnecido, aclimatado...
- El libro de la naturaleza
- Tengo un miedo terrible...
- La cólera que quiebra al hombre...
- Viniere el malo...
- Ello es que el lugar...

The poems are the following:

-La voz del espejo (HN)/-The voice of the mirror (HN)
-Estáis muertos (Trilce)/-You're dead (Trilce)
-He aquí que hoy saludo . . . (P. en P.)/-Behold I greet today (P. in P.)
-Sombrero, abrigo, guantes . . . (PH) /-Hat, coat, gloves . . . (PH)
-Confianza en el anteojo . . . /-Trust in the eyeglass . . .
-Al cavilar en la vida . . . /-While pondering in life . . .
-Los nueve monstrous/-The nine monsters
-Guitarra/-Guitar
-Va corriendo/-It goes running . . .
-Un pilar soportando Consuelos/-A pillar tolerating solaces
-Panteón/-Pantheon
-Acaba de pasar/-Just passed . . .
-Palmas y guitarra/-Claps and guitar
-Y si después de tantas palabras . . . /-And if after so many words . . .
-Despedida recordando un adios/-Farewell remembering a goodbye
-Oh botella sin vino! . . . /-Oh bottle without wine! . . .
-Encarnecido, aclimatado . . . /-Mocked, acclimatized . . .
-El libro de la naturaleza/-The book of nature
-Tengo un miedo terrible . . . /-I have a terrible fear
-La cólera que quiebra al hombre . . . /-The anger which breaks a men . . .
-Viniera el malo . . . /-Comes the bad
-Ello que es el lugar . . . /-That is the place

In the original letter

[1] Poemas en Prosa/Prose poems
[2] El buen sentido/The good sense
[2] Lánguidamente su licor/Languidly his spirit
[4] Voy a hablar de la esperanza/ I'm going to speak about hope
[5] Hallazgo de la vida/Discovery of life
[6] Himno a los voluntarios de la República/Hymm to the volunteers of the Republic
[7] Batallas/Battles
[8] Imagen española de la muerte/Spanish image of the death

Muy estimado Malanga:

Disculpe que, una vez más, le conteste con demora a pesar mío.

Aunque yo comprenda que, a su parecer, no convendría que Vallejo resultara "strange in English", Vallejo, sin embargo, "is strange" en todos los idiomas como lo es en el propio suyo. Pero Vallejo es Vallejo, y nada ni nadie puede explicar en qué consiste en realidad este algo nuevo, ante todo indefinible, que impregna y afirma cada vez más su obra poética. Para mí, los poemas de Vallejo son poemas, no poesías... No sé si Ud. aceptará este matiz puramente subjetivo.

Prosigueindo mi lectura, he visto que, muy a menudo, Ud. cambia el texto original (poniéndome en la duda de que, quién sabe, no haya Ud. entendido el real sentido); otras veces, Ud. lo explica. En primer lugar, nunca hay que explicar un poema. En segundo lugar, puede uno fallar en su interpretación: cuando Ud. agrega al verso "Me acuerdo que nos hacíamos llorar, hermano, en aquel juego" from so much laughing Ud. añade algo erróneo porque no lloraban los niños de tanto reir, sino que, olvidando precisamente que jugaban, tomaban las cosas tan en serio que terminaban por llorar de la más real angustia.

Luego, no se puede en absoluto agregar algo al original. Un ejemplo entre numerosos otros casos como Ud. ya lo sabe. En la última estrofa de MASA (España, aparta de mí este cáliz) Ud. añade: "My brothers, may God give you peace". Ello es fundamentalmente grave porque este verso agregado altera hasta espiritualmente el pensamiento del autor.

Si me asusto y si me permito recomendarle revisar severamente su versión es porque Ud. no puede ignorar las virulentas críticas y hasta los sarcasmos que , de natural vulgar, prosaico y bajo, hará llover sobre sus trabajos. Cuando estaba en Lima, me dijo una vez: "Ud. se opone a la publicación de mis traducciones, pero ha autorizado Ud. las de (el traductor al alemán) que son fatales". Es que felizmente -le contesté- no conozco ni una palabra de alemán.

Por último, quisiera poder confiar enteramente en su palabra de ser fiel al original, porque en esta ciudad maldita he perdido el estado de ánimo y de espíritu que necesitaría para ayudarle. Como le he dicho ya, es necesario presentar una antología de los cinco tomos pero no puedo comprometerme a revisar su versión. Le ruego traducir sin preocuparse con explicaciones que el mismo autor no da, ni temor de que Vallejo resulte "strange in English". He tenido grandes dificultades también en francés; el orden de las palabras tiene muchísima importancia para dar categoría a la poética. He tenido la satisfacción de ver personas asombradas de lo que había conseguido. Posiblemente, entiende Ud. francés?

Como Ud. no me ha contestado a ciertos aspectos de mi última carta, deduzco que no está de acuerdo.

Con mis más atentos saludos.

Georgette [signature]

P/S. - Olvido aclararle que es a Ud. de hacer la selección de los fragmentos que más le inspira de "Himno a los voluntarios" y de "España, ..." escogiendo por supuesto los más traducibles.

5/4/71

Very dear Malanga:

Do apologize, once more, this reply delayed on my end.

Even though I understand that, in your opinion, it wouldn't be convenient that Vallejo resulted "strange in English"[1], Vallejo, however, "is strange"[2] in all languages as he is in his own. But Vallejo is Vallejo, and nothing and nobody can explain what this new thing is about, above all indefinable, that permeates and affirms more and more his poetic work. To me, Vallejo's poems are poems, not poetry . . . I don't know if you will accept this purely subjective tint.

Continuing my reading, I've seen that, very often, you change the original text (making me doubt that, who knows, you may have missed the real meaning); other times, you explain it. First at all, you must never explain a poem. Secondly, one can fail in the interpretation. When you add to the verse "Me acuerdo que nos hacíamos llorar, hermano, en aquel juego"[3] from so much laughing[4], you add something incorrect because the children weren't crying for so much laughter, but, forgetting in fact that they were playing, they took things so seriously that they ended up crying because the more real anguish.

Then, you absolutely cannot add something to the original. An example among the numerous cases, as you may know. In the last verse of MASA (España aparta de mí este cáliz[5], You add: "My brothers, may God give you peace"[6]. That is fundamentally serious, as this added verse alters, even spiritually, the author's thinking.

If I get scared and recommend you to severely look over your version is because you can't ignore the virulent criticism and even the sarcasm that [. . .], naturally vulgar, low and prosaic, will shower over your work. He told me once when he was in Lima: "You oppose the publishing of my translations, but you have authorized [. . .] (the German translator) awful translations. I told him that this was because, happily, I don't speak a word of German.

Lastly, I would like to trust entirely on your word to be faithful to the original, because in this damned city I've lost the spirit and mood which I would need to help you. As I've said before, it is necessary to present an anthology of the five volumes, but I can't take the commitment to revise your version. I beg you to translate without worrying about explanations that even the author won't give, or fear that Vallejo will turn out "strange in English." I've had big difficulties in French as well; the arrangement of the word is very important in giving meaning to poetics. I've had the satisfaction of seeing people amazed of what it had achieved. Perhaps, do you understand French?

As you haven't replied to certain aspects of my last letter, I deduce you don't agree with me.

With my most sincere regards,

PS: I forget to clarify, that you are to make the selection of the fragments which inspire you most of "Hymn to the volunteers. . ."[7] and from "Spain. . . "[8] choosing, of course, the ones more fit into translation.

[1] In English in the original

[2] In English in the original

[3] "I remember we made each other cry, brother, in that game"

[4] In English in the original

[5] "Spain, take this cup from me"

[6] In English in the original

[7] "Himno a los Voluntarios" in the original

[8] "España" in the original

"AÑO DE LOS CENSOS NACIONALES"

LIMA, Miraflores, 1/2/72

Julio D. Espino Pérez
NOTARIO-PUBLICO
1 FEB. 1972
Apurimac 337 - 2G
Teléfono 270423

Señor GERARD MALANGA
P.O. BOX 1811
F.D.R.SStation
NEW YORK 10022
U.S.A.

Distinguido señor Malanga:

No: no estoy impaciente. No hay motivo por ello. En cambio, estoy seriamente inquieta pues, hasta la fecha, no me informa si Ud. ha rectificado las traducciones con anotaciones que le mandé de vuelta.

En segundo lugar, acabo de leer -tomado al azar en las últimas traducciones que recibí- el poema 111 de "España, aparta de mí este cáliz" y veo, no sin amargo disgusto, que no ha tomado Ud. ni siquiera en cuenta mi expresa recomendación: RESPETAR EL TEXTO ORIGINAL, SIN CAMBIAR, AÑADIR O QUITAR PALABRAS O VERSOS, NI TAMPOCO AGREGAR HASTA VERSOS ENTEROS DE SU SOLA IMAGINACIÓN. Le ruego tomar conocimiento, siguiendo estas líneas, de los inexplicables errores que presenta su versión del poema mencionado. Como ya le dije, se tiene la impresión de que Ud. no entiende del todo el español, llegando Ud. a poner al presente verbos que en el texto original determinan un tiempo pasado, no pudiendo de ninguna manera poner un presente donde hay un preterito lejano, -como se puede observar en la lista de errores que sigue.

Luego, también le he expresado que un contrato de edición no se firma con el traductor. Ud. no puede ignorar que el contrato de edición se establece entre el editor y el autor -o la persona que le representa.

Por último, comprenda por favor, que no puedo revisar ni corregir sus traducciones no sólo tengo demasiado que hacer, sino que además estoy extenuada por diferentes motivos.

En la espera de sus noticias, le saludo atentamente.

HABILITADO
VALOR S/. ...
R.D. Nº 908-71-EF/71

georgette de vallejo

5241 A.Arequipa - Miraflores - LIMA - PERU.

LIMA, Miraflores, 1/2/72
Mister, GERARD MALANGA
P.O. BOX 1811
F.D.R. Station
NEW YORK 10022
U.S.A.

Distinguished mister Malanga:

No: I'm not impatient. There's no reason for that. However, I'm seriously restless because, until this day, you haven't informed if you have made a correction of the translations with the notes I've sent you back.

Secondly, I've just read—chosen at random from the last translations I received—poem 111 from "Spain, take this cup from me"[1], and I see, not without bitter disappointment, that you haven't even taken into account my express recommendation: RESPECT THE ORIGINAL TEXT, WITHOUT CHANGING, ADDING OR REMOVING WORDS OR VERSES, AND DON'T ADD WHOLE VERSES COMING ENTIRELY OUT OF YOUR IMAGINATION. I beg you to acknowledge, following these lines, the inexplicable mistakes showing in your version of the above mentioned. As I said, one gets the impression you don't fully understand Spanish, coming to use verbs in the present tense which in the original text determine a past tense, not being able in any way to put a present where there is a verb in the past tense, as you can observe in the following list of mistakes.

Then, as I told you before, a publishing contract is established between the editor and the author—or the person who represents him.

Lastly, please understand I cannot revise and correct your translations, not only do I have a lot to do, but I am also exhausted for different reasons.

Waiting hear news from you, yours sincerely.
Georgette de Vallejo
5241 A. Arequipa – Miraflores – LIMA – PERU.

[1] España, aparta de mí este cáliz.

"AÑO DE LOS CENSOS NACIONALES"

Lima, Miraflores, 1/8/72

Señor GERARD MALANGA
P.O. BOX 1811
F.D.R. Station
NEW YORK 10022
U.S.A.

Distinguido señor Malanga:

No: no estoy impaciente. No hay motivo por ello. En cambio, estoy seriamente inquieta pues, hasta la fecha, no me informa si Ud. ha rectificado las traducciones con anotaciones que le mandé de vuelta.

En segundo lugar, acabo de leer, tomado al azar en las últimas traducciones que recibí, el poema III de "España, aparta de mí este cáliz" y veo, no sin cierto disgusto, que no ha tomado Ud. ni siquiera en cuenta mi expresa recomendación: RESPETAR EL TEXTO ORIGINAL, SIN CAMBIAR, AÑADIR O QUITAR PALABRAS O VERSOS, NI TAMPOCO AGREGAR HASTA VERSOS ENTEROS DE SU SOLA IMAGINACION. Le ruego tomar conocimiento, siguiendo estas líneas, de los inexplicables errores que presentan su versión del poema mencionado. Como ya le dije, se tiene la impresión de que Ud. no entiende del todo el español, llegando Ud. a poner al presente verbos que en el texto original determinan un tiempo pasado, no pudiendo de ninguna manera poner un presente donde hay un pretérito lejano, -como se puede observar en la lista de errores que sigue.

Luego, también le he expresado que un contrato de edición no se firma con el traductor. Ud. no puede ignorar que el contrato de edición se establece entre el editor y el autor -o la persona que lo representa.

Por último, comprenda por favor, que no puedo revisar y corregir sus traducciones no sólo tengo demasiado que hacer, sino que además estoy extenuada por diferentes motivos.

En la espera de sus noticias, le saluda atentamente.

georgette de vallejo

2241 A. Arequipa - Miraflores - LIMA - PERU.

SOLIA ESCRIBIR CON SU DEDO GRANDE EN EL AIRE ... estrofa 1

Solía escribir con su dedo grande en el aire:
with his index finger he skywrites on the air:
(Vallejo dice: dedo grande no index. 2) Solía preterito: he used to write. 3) no sobre el aire, sino en el aire. 4) Skywrite es inexacto.

Viban los compañeros!
Long live the comrades!
(Comrades? No habrá un término mejor?

padre y más hombre, Pedro ......
father -but even more man- Pedro ....
(Vallejo dice: padre y más hombre : father and more man, sencillamente. Por qué but even?

Papel de viento, lo han matado: pasa!
Pluma de carne, lo han matado: pasa!
Abisa a todos compañeros pronto!
(esta estrofa tiene 3 versos, y no 4. estrofa 2

Scrap of paper caught in the air waves
they killed him (it really appened!)
feather of flesh and blood they killed him!
Inform all the comrades at once!
(Dice Vallejo: Papel of wind, they killed him! (Pasa! quiere decir más o menos: it's gone! pero nada de waves.
(featehr of flesh, they killed him! it's gone! pero nada de it really appened! Tampoco blood!
(Ud. quita toda la tragedia del último verso lanzado cablegráficamente por el muerto. Textualmente: Tell all companions fast! "At once" no. "The": no.

palo en el que han colgado su madero, (Pole on which they hunged his peace of wood (?) estrofa 3
peace of wood on which a beam is hung,

HE USED TO WRITE WITH HIS BIG FINGER IN THE AIR . . .	Strophe 1
Solía escribir con su dedo grande en el aire:	(Vallejo says: big finger not index. 2) "He used" past
With his index finger he skywrites on the air:	(tense: he used to write. 3) Not on the air but in the
	(air. 4) "Skywrite" is wrong.
Viban los compañeros!	("Comrades"? There must be a better word?
Long live the comrades!	
padre y más hombre, Pedro. . . .	Vallejo says : padre y más hombre: father and
father—but even more man—Pedro. . . .	(more man, simply. Why "but even"?
	Strophe 2
	(this strophe has 3 verses, not 4.
Papel de viento, lo han matado: pasa!	(Vallejo says: Paper of wind, they killed him!
Pluma de carne, lo han matado: pasa!	(Pasa! means something like: it's gone, but
Abisa a todos compañeros pronto!	
Scrap of paper caught in the air waves	(not "waves"
They killed him (it really happened!)	(feather of flesh, they killed him! It's gone, but not it
Feather of flesh and blood they killed him!	("really happened!" Either "blood"
Inform all the comrades at once!	(You're removing the tragedy from the last verse
	("lanzado cablegraficamente por el muerto." Quote:
	(Tell all the companions fast! "At once," no. "The" no.

222 Strophe 3

Palo en el que han colgado su madero, (Pole on which they hunged his peace of wood (?) peace of wood on which a beam is hung,

Lo han matado al pie de su dedo grande! (to (or at) foot his big finger! (can you say so in English?)

lo han matado al pie de su dedo grande! (to(o a) foot of his big finger! (No se puede decir en inglés?
they killed him to the base of his forefinger and thumb! (Por qué?)

Estrofa 4

a la cabecera de su aire escrito! (Vallejo dice:
and the honor roll of the aire! (at the bed side of his written aire!
Viban con esta V del buitre en las entrañas (Por qué agrega Ud. Let them ... long, dando un
Let them live long with the V .... (tono de limosna al poema?

Estrofa 5

Registrándole, muerto, sorprendiéronle (Notar los términos registrándole y sorprendiéron-
After his death they opened him up (le con "opened him up" (!) No se podía expresar:
en su cuerpo un gran cuerpo, para (Searching him, dead, they found / in his body a
el alma del mundo, (big body for / the soul of the world
down the middle finding within him a body big enough (Cuántas explicaciones! para final-
to hold the soul of the world (mente alterar el sentido del verso.

cuchara muerta viva - empty spoon (No es lo mismo...

Pasando más rapidamente sobre el resto de esta versión, no puedo impedirme de notar:

"criaturas de su carne" prosáica y fríamente traducidos
members of his family ...!

"pintar / la mesa y vivir dulcemente en representación de todo el mundo" que Ud. traduce
filled his table with food living confortably / like any one else

"cuchara muerta viva, ella y sus símbolos.
that spoon with its meaning of life

En cambio de respetar el término símbolo de sentido extenso, Ud. le substituye meaning of life de sentido reducido y aunque lo repita Ud. en la subsiguiente estrofa... y no dé el sentido exacto del texto. En esta misma estrofa, Ud. agrega, por segunda vez: Let them ...

"a auqle / que nació muy niñín, mirando al cielo
the one/who was once a child looking up with the sky ???

"y que luego creció, se puso rojo
y luchó con sus células, sus nos, sus todavías, sus hambres, sus pedazos
struggling in every cell, block of his body with his quick answers, / his doubts, his
his hungers and the peaces of wet bread / he recognized as himself. ?????? ?????????

"Lo han matado suavemente
entre el cabello de su mujer, la Juana Vázquez,
They killed him in one clean sweep ????????
blood on the dress of his wife ?????????

"Lloró por España
wept for Spain real tears (DICE ESTO VALLEJO? Para Ud., el hecho que llore un
(español le parece poco y no basta!

Y, nuevamente:

on the air waves

Por último:

"Su cadáver estaba lleno de mundo."
His dead body contain(s) all the world. (Estaba lleno de mundo no significa que
(contain(ed) all the world. Además, sólo
(Ud. sabrá por qué pone este verso inexpli-
(camente al presente ????????

He de agregar que un poema no se explica.

Tampoco se debe suavizar o "civilizar" ciertas formas de expresarse que pueden parecer duras, extrañas y hasta salvajes. Un poema es como es.

Georgette Vallejo

They killed him to the base of his forefinger and thumb! *(The correct verse is: "They killed him to his big finger's foot")*	(Why?)

Strophe 4

A la cabecera de su aire escrito	(Vallejo says:
and the honor roll of the aire!	(at the bed side of his written air!
Viban con esta V del buitre en las entrañas	(Why do you add "Let them . . . long," giving it a charity
Let them live long with the V.........	(meaning to the poem?
(The correct verse is: "At the bedside of his written air! Live with this V of vulture in the bowels")	

Strophe 5

Registrandole, muerto, sorprendieronle	(Note: the words "registrandole y sorprendieronle" with
After his death they opened him up	("opened him up" (!) You can say:
en su cuerpo un gran cuerpo, para	(Searching him, dead, the found/in his body a
el alma del mundo,	(big body for/the soul of the world
down the middle finding within him a body big enough	(Too much explanations!, for finally
to hold the soul of the world	(changing the real meaning of the verse.
cuchara muerta viva—empty spoon	(it's not the same . . .

About the remaining version of this poem, I must say:
"criaturas de su carne" a bland and cold translation
members of his family . . . !

"pintar/la mesa y vivir dulcemente en representación de todo el mundo" You say:
filled his table with food living confortable/like anyone else

"cuchara muerta viva, ella y sus símbolos. *(Correct verse: living dead spoon, she and her symbols)*
The spoon with its meaning of life instead of respecting the word symbol in extensive sense, you replace "meaning of life" of limited sense, although you repeat it in the following strophe . . . and not in the exact meaning of the text. In this same strophe, you do add again: Let them . . .

"aunque/que nació muy niñin, mirando al cielo *(Correct verse: although born as a little child, looking at the sky)*
The one/who was once a child looking up with the sky ???

lo han matado al pie de su dedo grande! (to(o a) foot of his big finger! (No se puede de-
they killed him to the base of his forefinger and thumb! (Por qué?) (cir en inglés?

Estrofa 4

a la cabecera de su aire escrito! (Vallejo dice:
and the honor roll of the air! (at the bed side of his written aire!
Viban con esta V del buitre en las entrañas (Por qué agrega Ud. Let them ... long, dando un
Let them live long with the V .... (tono de limosna al poema?

Estrofa 5

Registrándole, muerto, sorprendiéronle (Notar los términos registrándole y sorprendiéron-
After his death they opened him up (le con "opened him up" (!) No se podía expresar:
en su cuerpo un gran cuerpo, para (Searching him, dead, they found / in his body a
el alma del mundo, (big body for / the soul of the world
down the middle finding within him a body big enough (Cuántas explicaciones! para final-
to hold the soul of the world (mente alterar el sentido del verso.

cuchara muerta viva - empty spoon (No es lo mismo...

Pasando más rápidamente so-
el resto de esta versión, no puedo impedirme de notar:

"criaturas de su carne" prosáica y fríamente traducidas
members of his family ...!

"pintar / la mesa y vivir dulcemente en representación de todo el mundo" que Ud. traduce
filled his table with food living comfortably / like any one else

"cuchara muerta viva, ella y sus símbolos.
that spoon with its meaning of life

En cambio de respetar el término símbolo de
sentido extenso, Ud. le substituye meaning of life de sentido reducido y aunque lo repita
Ud. en la subsiguiente estrofa... y no dá el sentido exacto del texto. En esta misma estro-
fa, Ud. agrega, por segunda vez: Let them ...

"a aquel / que nació muy niñín, mirando al cielo
the one/who was once a child looking up with the sky ???

"y que luego creció, se puso rojo
y luchó con sus celulas, sus nos, sus todavías, sus hambres, sus pedazos
struggling in every cell, block of his body with his quick answers, / his doubts, his
his hungers and the peaces of wet bread / he recognized as himself. ?????? ?????????

"Lo han matado suavemente
entre el cabello de su mujer, la Juana Vázquez,
They killed him in one clean sweep ????????
blood on the dress of his wife ?.???????

"lloró por España
wept for Spain real tears (DICE ESTO VALLEJO? Para Ud., el hecho que llore un
(español le parece poco y no basta!

Y, nuevamente:

on the air waves

Por último:

"Su cadáver estaba lleno de mundo."
His dead body contain(s) all the world. (Estaba lleno de mundo no significa que
(contain(ed) all the world. Además, sólo
(Ud. sabrá por qué pone este verso inexpli-
(camente al presente ????????

He de agregar que un poema no se explica.

Tampoco se debe suavizar o "civilizar" ciertas formas de expresarse que pueden parecer duras, extrañas y hasta salvajes. Un poema es como es.

G. Vallejo

"y que luego creció, se puso rojo
(Correct verse: "and then he grew up, and turned red")
y lucho con sus células, sus nos, sus todavías, sus hambres, sus pedazos
struggling in every cell, block of his body with his quick answers,/his doubts, his hungers and the pieces of wet bread/he recognized as himself. ??????
(Correct verse: "and he fought with his cellule, his no, his yet, his hungers, his pieces")

"Lo han matado suavemente
(Correct verse: "They have killed him softly")
entre el cabello de su mujer, La Juana Vazquez,
(Correct verse: "between his woman's hair, La Juana Vazquez")
They killed him in one clean sweep ????????????????
blood on the dress of his wife ??????????????????

"lloró por España *(Correct verse "He cried for Spain")*
wept for Spain real tears (VALLEJO HAS SAID THAT? For you the fact that a spaniard cries is lesser and is not enough!)
And again:
on the air waves Last:

"Su cadáver estaba lleno de mundo"
(Correct verse: "His corpse was full of world")

His dead body contain(s) all the world (Full of world, doesn't mean that contain(ed) all the world. Also, only you know why putting this verse into the present tense????????

I must say that you don't need to explain a poem.

You shouldn't try to sounding civilized or soft to certain forms of expression that may seem harsh, strange and even wild. A poem is as it is.

About the Translator

Gerard Malanga is acclaimed as a poet, photographer, and filmmaker. He was born in the Bronx in 1943. He is the author of a dozen poetry collections, the most recent being *No Respect: New & Selected Poems*, the four-volume fanzine set *AM: Archives Malanga*, and *Tomboy & Other Tales*. His photography books include *Resistance to Memory* and *Screen Tests Portraits Nudes*. He was a founding editor of *Interview* magazine, alongside Andy Warhol. Malanga lives in upstate New York.

Books from Three Rooms Press

PHOTOGRAPHY-MEMOIR

Mike Watt
On & Off Bass

FICTION

Ron Dakron
Hello Devilfish!

Michael T. Fournier
Hidden Wheel
Swing State

Janet Hamill
Tales from the Eternal Café
(Introduction by Patti Smith)

Eamon Loingsigh
Light of the Diddicoy

Richard Vetere
The Writers Afterlife

DADA

Maintenant:
Journal of Contemporary
Dada Art & Literature
(Annual poetry/art journal, since 2008)

MEMOIR & BIOGRAPHY

Nassrine Azimi and
Michel Wasserman
Last Boat to Yokohama:
The Life and Legacy of
Beate Sirota Gordon

Richard Katrovas
Raising Girls in Bohemia:
Meditations of an American
Father; A Memoir in Essays

Stephen Spotte
My Watery Self:
An Aquatic Memoir

SHORT STORY ANTHOLOGY

Have a NYC:
New York Short Stories
Annual Short Fiction Anthology

PLAYS

Madeline Artenberg &
Karen Hildebrand
The Old In-and-Out

Peter Carlaftes
Triumph For Rent (3 Plays)
Teatrophy (3 More Plays)

MIXED MEDIA

John S. Paul
Sign Language:
A Painters Notebook

TRANSLATIONS

Thomas Bernhard
On Earth and in Hell
(poems by the author in German with English translations by Peter Waugh)

Patrizia Gattaceca
Isula d'Anima / Soul Island
(poems by the author in Corsican with English translations)

César Vallejo
Malanga Chasing Vallejo
(selected poems of César Vallejo with English translations and additional notes by Gerard Malanga)

George Wallace
EOS: Abductor of Men
(poems by the author in English with Greek translations)

HUMOR

Peter Carlaftes
A Year on Facebook

POETRY COLLECTIONS

Hala Alyan
Atrium

Peter Carlaftes
DrunkYard Dog
I Fold with the Hand I Was Dealt

Thomas Fucaloro
It Starts from the Belly and Blooms
Inheriting Craziness is Like a Soft Halo of Light

Kat Georges
Our Lady of the Hunger

Robert Gibbons
Close to the Tree

Israel Horovitz
Heaven and Other Poems

David Lawton
Sharp Blue Stream

Jane LeCroy
Signature Play

Philip Meersman
This is Belgian Chocolate

Jane Ormerod
Recreational Vehicles on Fire
Welcome to the Museum of Cattle

Lisa Panepinto
On This Borrowed Bike

George Wallace
Poppin' Johnny

Three Rooms Press | New York, NY | Current Catalog: www.threeroomspress.com
Three Rooms Press books are distributed by PGW/Perseus: www.pgw.com

CPSIA information can be obtained at www.ICGtesting.com
Printed in the USA
LVOW11s2101121014

408403LV00005B/5/P